做一个追风筝的人
——冯仑的商业理想与感悟

邓晓成 编著

文匯出版社

图书在版编目 (CIP) 数据

做一个追风筝的人 / 邓晓成编著. — 上海：文汇出版社, 2016.6
 ISBN 978-7-5496-1745-6

Ⅰ. ①做… Ⅱ. ①邓… Ⅲ. ①中小企业 - 企业经营管理 Ⅳ. ① F276.3

中国版本图书馆 CIP 数据核字（2016）第 082391 号

做一个追风筝的人

著　　者 /	邓晓成
责任编辑 /	戴　铮
装帧设计 /	天之赋设计室
出版发行 /	文汇出版社
	上海市威海路 755 号
	（邮政编码：200041）
经　　销 /	全国新华书店
印　　制 /	北京毅峰迅捷印刷有限公司　010-89581657
版　　次 /	2016 年 7 月第 1 版
印　　次 /	2016 年 7 月第 1 次印刷
开　　本 /	710×1000　1/16
字　　数 /	197 千字
印　　张 /	17
书　　号 /	ISBN 978-7-5496-1745-6
定　　价 /	38.00 元

前言

白居易在《琵琶行》中说："商人重利轻别离"，这也让很多人对商人诟病不已，认为他们很现实，很势利。其实，商人的本质就是追求利益最大化，他们经商创业的目的就是为了利益，无可厚非。

当然，有些人在追求利益之外，仍然保持着一份初心，一份本真，这样的人大都成了行业的领袖人物，国外的比如乔布斯，国内的比如冯仑。

冯仑始终没忘自己的商业理想，也曾为自己的商业理想著书立说，这就是2012年出版的《理想丰满》。理想就像风筝，线就像你的心，追逐着风筝就是追逐自己的理想，放飞风筝就是放飞理想。冯仑自己在追逐风筝的同时，还有一群人跟着他跑，因为他们认同冯仑的理念，认同冯仑的方向。

万科的王石评价道："冯仑这个人，聪明绝顶，侠义肝肠。嬉笑怒骂皆文章，百计千心成万通。"

王功权认为，身边再无第二人能像冯仑，与之聊天那样快乐而有趣。

冯仑自己也说过，如果要写回忆录，第一句话会是："这个人不是一个人，也不是一个神。他是一个哺乳类动物，是个被人搅乱成似是而非的哺乳类动物。"

冯仑说过：伟大是熬出来的！几十年的时间，不经意间，冯仑把自己熬成了"商界思想家"——他兼具理想主义和实用主义特质。

在开始这本书之前，我们带领读者"管中窥豹"，先看一下冯仑的言论：

大哥的境界就是追求无我。

你老站着，别人蹲着，别人就不舒服。

美丽相当于是敲门砖，开门之后还得靠真本事。

幸福三要素：不算小账，不算时间，不算是非。

老婆多了不一定幸福，土地多了不一定赚钱。

挣钱像孙子，花钱像大爷，送钱像君子。

改革就像抱孙子，要熬到儿子会当爹。

中国体制下企业家不是演员是观众。

……

读者看到的这些妙趣横生而又富含哲理的段子，只是"地产段子王"冯仑海量段子里的"一滴水"而已。本书不是主讲冯仑的"段子"，而是通过冯仑的人生经历和商业历程，揭示冯仑的人生感悟、所思所想等，尤其是通过"理想主义者"冯仑在创办和经营企业中，体现出的崇高理想来指引自己的前程。

在剖析冯仑的理想主义之前，先让我们简单认识一下冯仑。

冯仑有多重身份，首先，他是一位学者：

1959年，出生于古城西安。1982年，毕业于西北大学。1984年，获中央党校法学硕士。2003年，获中国社科院法学博士学位。

其次，他是一位国家干部：

1984年，冯仑25岁，他从中央党校毕业，第一份工作是留校任教，后主动要求到武汉挂职下放锻炼，一年后返京。因为既有理论素养，又有实践经验，冯仑参与了中央政治体制改革。此时的冯仑专门研究意识形态。此项工作结束后，冯仑进了中宣部，1988年，冯仑还在国家体改委任职。海南刚刚建省时，冯仑身先士卒，主动请缨带两三个人去海南筹建了海南体制改革研究所。

再次，他是一位白手起家的企业家：

自1991年开始，冯仑领导了万通的企业创建及发展工作。1993年，在北京组建万通地产，曾参与创建中国民生银行，并出任该行的创业董事。2001年，冯仑获得"十大最具人气企业家"称号。2001、2002连续两年，冯仑领衔的万通地产获得"中国名企"称号，冯仑本人也连续两届获得"中国房地产十大风云人物"殊荣。2008年，冯仑获"2007北京最具影响力地产人物"。2011年，冯仑荣获"2010年最具创意的地产思想家"称号。

2011年3月，万通地产的母公司万通实业宣布正式更名为万通控股，冯仑卸任当了将近20年的万通地产董事长一职。尽管冯仑退出了万通的董事会，但万通的实际控制人不会发生变化。冯仑将工作重心放在了资本运营和基金管理上。

最后，他还是一位大师级的领袖：

企业界称他为"商界思想家"，地产界称他为"学者型"的开发商。作为房地产行业的开拓者和创新者，冯仑首倡由"香港模式"变为"美国模式"。冯仑擅长领域为企业战略、综合管理、策划咨询、公司战略、公司治理。

冯仑著有《理想丰满》《野蛮生长》等作品，个人电子杂志《风马牛》；还曾主编《中国国情报告》，著有《社会主义国家的经济职能》，译著《狂飙突进——马克思的心路历程》。他具有演讲家的风采，战略家的气度，学者型的才华。

谈到理想对商业的影响，冯仑说，很多创业者和成功的人，看待未来的方法并不一样，一种就是"追求理想，顺便赚钱"，还有一种是"追求金钱，顺便谈谈理想"。冯仑认为，把理想放到赚钱的前面，是当今一个创业者应有的态度，要"被金钱之外的东西所诱惑"。

很多读者会认为，冯仑是大企业家，所以他才完全有资格谈论理想，甚至风花雪月。许多还在商场一线拼杀的小老板，谈挣钱谈生意的时间，一定远远胜于谈理想；现实生活和商场生存的压力，时时刻刻压在肩上，空谈奢谈理想，"谈"何容易啊？

其实，纵然我们肩上还扛有千斤的重担，心中多保存一点道德，多相信一点美好，多思索一点理想，哪怕只有一碗茶的工夫，也许就是未来一个企业甚至一个行业的希望！

只有自己相信自己是一只雄鹰时，你才能够展翅飞翔！每个人都有很大的潜力没有得到发挥，关键在于你有没有理想和追求！

这就是冯仑的商业理想主义的精髓，也是广大读者和创业者最应该拥有的内涵，就让冯仑的理想主义指引我们走向商业成功的前程吧！

目 录

第一章 现实很骨感,理想要丰满

◆ **冯仑故事:要想寻梦,心中就要有理想** <002
◆ **冯仑启示:** 01 人生因理想而伟大 <005
　　　　　　 02 理想是一种伟大的力量 <008
　　　　　　 03 有梦想才能成就大事 <011

◆ **冯仑故事:理想需要热情的投入** <015
◆ **冯仑启示:** 01 企业领导没有野心,下属就没有信心 <018
　　　　　　 02 要努力追逐自己的梦想 <021
　　　　　　 03 建立美好的愿景 <024

◆ **冯仑故事:实现理想需要一直熬下去** <028
◆ **冯仑启示:** 01 把梦想一步步变成现实 <031
　　　　　　 02 像坚持初恋一样坚持你的梦想 <036
　　　　　　 03 即使遇到挫折,也要继续坚持 <039

第二章 让学习为理想插上翅膀

◆ **冯仑故事:学习永远是事业进步的前阶** <044
◆ **冯仑启示:** 01 只有学习,才能主宰命运 <047
　　　　　　 02 不断地学习、成长 <052
　　　　　　 03 未来的竞争是学习力的竞争 <056

- ◆冯仑故事：**通过学习，眼界才会高** <060
- ◆冯仑启示：01 领导力来源于学习力 <063
  - 02 学习力就是企业的竞争力 <067
  - 03 多读书，不断地汲取知识 <070

- ◆冯仑故事：**学先进，搞培训** <075
- ◆冯仑启示：01 形成一个学习型组织 <079
  - 02 学先进，从效仿开始 <084
  - 03 搞培训，给脑袋投资胜过给工厂投资 <088

第三章 用制度为理想保驾护航

- ◆冯仑故事：**制度是创造财富的机器** <094
- ◆冯仑启示：01 有了制度，企业就如同磐石 <096
  - 02 制度是企业发展的内在动力 <099
  - 03 管理的核心就是制度 <102

- ◆冯仑故事：**建立制度，制定服务章程** <107
- ◆冯仑启示：01 让制度更加完善 <109
  - 02 制定出合理的制度 <112
  - 03 勿让制度与法律法规相撞 <116

- ◆冯仑故事：**建立制度不难，难在坚持执行制度** <120
- ◆冯仑启示：01 用制度确保执行，用宣传升华执行 <123
  - 02 按规章制度严格管理，不讲情面 <127
  - 03 企业领导也不能超越于制度之上 <131

第四章 实现理想要先理顺各种关系

- **◆冯仑故事：企业与政府的关系** <136
- **◆冯仑启示：** 01 明大势，盯着国家政策 <139

  02 与政府不能太远，也不能太近 <144

  03 稳健有效地与政府管理部门对接 <147

- **◆冯仑故事：赚钱与慈善的关系** <153
- **◆冯仑启示：** 01 企业公民的责任边界 <156

  02 取之于民，用之于民 <159

  03 担负起企业的社会责任 <164

- **◆冯仑故事：多元和一元的关系** <167
- **◆冯仑启示：** 01 做最擅长的，放弃不擅长的 <170

  02 凡事成于一，败于二、三 <175

  03 什么都想干是不行的 <178

- **◆冯仑故事：企业与人才的关系** <182
- **◆冯仑启示：** 01 重用人才，人才很重要 <185

  02 企业如何识别人才 <190

  03 选用人才，培养人才 <195

第五章　实现理想需要自律、自省

- ◆**冯仑故事：管好自己、改变自己** <201
- ◆**冯仑启示：** 01 伟大的管理者管理自己　<203
  - 02 加强自制，提高自律能力　<207
  - 03 切勿迷恋自己的方式　<211

- ◆**冯仑故事：反省自己，毋忘在莒** <216
- ◆**冯仑启示：** 01 自我反省，重塑自我　<219
  - 02 野心也要有个度　<222
  - 03 切忌一意孤行　<227

- ◆**冯仑故事：控制风险，尊重商业周期** <230
- ◆**冯仑启示：** 01 冒进只会自食苦果　<232
  - 02 察觉危机，走出困境　<238
  - 03 理性赚钱，拒绝赌性　<243

- ◆**冯仑故事：减少决策，拒绝诱惑** <247
- ◆**冯仑启示：** 01 步步为营，以变应变　<250
  - 02 站在全局，看到事物的本质　<254
  - 03 庸者赚现在，智者赚未来　<258

第一章　现实很骨感，理想要丰满

　　20多岁这个阶段如何能快意人生？用理想来鼓舞自己，用时间来检验自己，用些许的成功来安慰自己。你熬到三四十岁的时候开始进入另外一种快意人生，所以在这个年龄段，最重要的是立志，一旦确立就不要放弃目标，不要怀疑自己的未来，而且要坚信时间是站在你这边的。

——冯仑语录

　　什么能阻挡理想的脚步呢？死亡，这是唯一能阻挡的。只要死亡没有降临，一切都不能阻挡。天下所有奋斗的人都这样，除了死亡，在追求理想的道路上没有第二个障碍，剩下的都是诱惑，物质条件太好，有个爹就牛，都是诱惑人们迷失理想的外因。

——冯仑语录

◆冯仑故事：要想寻梦，心中就要有理想

冯仑有本书叫《理想丰满》，他在里面讲了自己关于理想的认知和自己的理想故事。

首先，冯仑谈了自己对理想的定义：

什么是理想？我想它包括两方面。

第一，理想是心中的愿景，也叫梦想、规划、憧憬，总之是对美好未来的描述。现在MBA课堂上把这叫愿景，而之前我们叫它梦想，或者用最朴素的表达方式：长大以后干什么……

几十年的生活经历让我深刻体会到，理想是梦想，是方向，实际上就是未来的某一件事，比如小朋友说长大了要当工程师、当警察、当明星，很具体。

第二，谈理想的人最重要的就是要有梦，要能用这个梦每天激励自己，然后自己挺高兴，开始有干劲。

我记得法国有一位思想家傅立叶，他的梦想是要创造一个未来新社会。他怕自己睡懒觉，就让仆人每天在他该起床的时候说"该起床了，伟大的理想正在召唤你"。他每天用这件事激励自己，所以每天他都特兴奋。

这个故事给我的印象太深了，所以我每天一睁眼也老想这句话。有朋友问：你20多年来每天睡那么晚、起那么早，还这么兴奋，你怎么有那么大的干劲呢?

其实,这就是理想在发力,它会让你觉得生命有意义。

接着,冯仑用例子证明了理想的重要性:

虽然理想可以让你兴奋,但它说起来比较抽象。

2011年5月份,我中学时的班主任苏老师去世,我给她写了副挽联,上联是"一日可为师,况曾苦雨凄风下,孤灯残喘,诉说兴亡,托孤大义,七尺男儿要报国",下联是"三生难唤回,只求劫波度尽时,拾家重聚,教鞭再握,含饴弄孙,六旬慈颜又重生"。

这位苏老师,是在我十几岁形成理想最关键时带的我,对我影响很大。我当时说要改造中国,实际上就跟这位老师有关。

我跟她的关系基本上是"苦雨凄风下",昏黄的灯光,下着雨,她心脏有问题,躺在床上,气息微弱地给我讲家国,讲她家族的历史,对我触动很大,从那以后我决定要折腾。

冯仑是一个坚持理想的人,这种理想来源于曾经的经历,他明白,一个人只有在理想的指导下,才能走向成功,走向辉煌:

要想寻梦,心中就要有理想,在每个人心中,理想的形态是不同的。比如当年万通六君子之一的王功权,理想对于他实际上有两个维度:一个是个人生活维度,旷达、真实、善良;另一个是社会维度,民主、法制、人权。他在微博里讲得非常多,我了解他是出于真心。

商业上的理想,他已厌倦放弃,他现在追求的是个人生活和社会的维度,这是表达得比较清晰的理想追求。退出商场,有利于他更好地思考和践行理想。

当年我们一起做事时,在操作过程中经常为过程或目标争执,就像我们要做某件事,他认为我们不能因商业利益放弃或失去人生的理想。我有时跟他开玩笑,说吃喝泡妞不影响理想,你不能因坚持理想

就什么事都不干了。

  同时，你会发现生活中每个有干劲的人，其实他心里都特别有梦想。为什么呢？这缘于理想一个很大的功用，就是自我激励。我在听马云的演讲时常常想：这个才100斤的肉身，哪儿来这么大的能量呢？他说，他的梦想是让天下没有难做的生意，他按照这个目标每天向前冲，每天都有使不完的劲。

  人生是对理想的追求，理想是人生的指示灯，失去了这灯的作用，就会失去生活的勇气。因此，只有坚持远大的人生理想，才不会在生活的海洋中迷失方向。

  有一位哲人说过，梦里走了许多路，醒来还是在床上。他形象地告诉我们一个道理，人不能躺在梦幻式的理想生活中，需要大胆努力地去做。

◆ 冯仑启示：

01 人生因理想而伟大

人都是有理想的，但能够将理想坚持下去的人并不多。在人生之中，失败或许不是坏事，成功也未必是最终结果，而坚持理想一定是一件意义重大的事。

那些有所成就的人，他们在获得巨大的成功之前，一定在理想的道路上努力坚持着。很多时候，只有始终坚持理想，才会有奇迹发生。

薛瓦勒是法国一个乡村的邮差，有一天，他在山路上被一块石头绊倒了。他发现绊倒他的石头的形状很特别，于是，就把石头放进了自己的邮包里。

村民看到后，认为他的举动很可笑。薛瓦勒认为这块石头很美丽，一定要存起来，他不理会村民的嘲笑，带着石头回家了。

躺在床上，他脑海里忽然冒出这样一个念头：要是我能够用这样美丽的石头建造一座城堡，那该有多美啊！

从那以后，薛瓦勒每天除了送信之外，都会带回一块石头。过了不久，他收集了一大堆千姿百态的石头。

可要建造一座城堡，这些石头远远不够。薛瓦勒意识到，每天收

集一块石头的速度太慢了。于是,他开始用独轮车送信,这样每天送信的同时,他可以推回一车石头。

薛瓦勒的行为在人们看来简直是疯了,大家都议论他,嘲笑他。可是薛瓦勒依然我行我素,不为所动。

在20多年的时间里,薛瓦勒每天都坚持找石头、运石头和搭建城堡,在他的住处周围,渐渐出现了一座又一座的城堡,错落有致,风格各异。

后来,薛瓦勒的城堡被法国一家报社的记者发现,这位记者撰写了一篇介绍文章。一时间,薛瓦勒成为新闻人物,许多人都慕名前来观赏他的城堡,甚至连当时最有声望的毕加索大师都专程赶来参观。

如今,薛瓦勒的城堡已经成为法国最著名的风景旅游点之一,被命名为"邮差薛瓦勒之理想宫"。

据说,城堡入口处就是当年绊倒薛瓦勒的那块石头,石头上还刻着一句话:"我想知道一块有了愿望的石头能够走多远。"

理想就像阴天里的一朵向日葵,虽然在现实里辗转,在挫折中游走,但只要我们像执着追求初恋一样坚持理想,勇敢抬头,总有一抹灿烂的阳光照耀自己。

与其平庸地过一生,不如从现在开始为理想而奋斗。

1952年的《生活》杂志曾登载了约翰·高德的故事。

高德15岁时,偶然听到年迈的祖母非常感慨地说:"如果我年轻时能多尝试一些事情就好了。"

高德受到很大震动,决定自己绝不能到老了还有像祖母一样无法挽回的遗憾。于是,他详细地列出了自己这一生要做的事情,并称之为"约翰·高德的理想清单"。

他总共写下了127项详细明确的目标,里面包括10条想要探险的河、17座要征服的高山。他甚至要走遍世界上每一个国家，还想学开飞机、学骑马。他还想要读完《圣经》，读完柏拉图、亚里士多德、狄更斯、莎士比亚等十多位大师的经典著作。

他的理想中还有乘坐潜艇、弹钢琴、读完《大英百科全书》。当然，还有重要的一项，他要结婚生子。高德每天都要看几次这份"理想清单"，然后把整份单子牢牢记在心里，并且倒背如流。

高德的这些目标，即使在半个多世纪后的今天来看，仍然是壮丽且不可企及的。但他究竟完成得怎么样呢？

在高德去世的时候，他已环游世界4次，实现了127项目标中的103项。他以一生设想并且完成的目标，述说了他人生的精彩和成就，并且照亮了这个世界。

高德的故事会让人不由自主地想到一句话：人生因理想而伟大。

一个人走在通向成功的途中，他可以一无所有，但不能没有理想。一个人若想成功，首先要明确自己最渴望的是什么。对于一个渴望成功，并一直为之努力的人来说，最迫切、最渴望的事莫过于确立人生的理想。

理想是人类进步的阶梯。人类正是不断坚持理想才从穴居的山洞中走出，告别了茹毛饮血的蛮荒时代，踏上了文明的征途。

请想一想，如果没有登天的理想，我们今天也许还不知道月亮到底是什么模样；如果没有向往像鸟一样自由飞翔的理想，我们今天甚至连飞机是什么样子都不知道……

正是因为人类有了理想，我们才不断地超越自己，理想推动着我们前进。

一生有梦，不停地追梦，尽管很累，但人始终是在愉快中活着的。

只是羡慕别人没有什么用，临渊羡鱼不如退而结网，要敢有理想，敢于尝试，自己为自己筑梦，相信自己可以实现这些理想。同时给自己更大的思想空间，思想开放了，行动才能迈开步伐，然后去一步一步实现你的理想，这样你所期待的成功就不会愈来愈远。

所有的发明家都比别人拥有更多的理想，所以他们的创造和发明不仅成就了自己，更成就了我们这个世界。

不要限制自己的理想，带着理想去飞，只要你肯干、肯去努力实践，你就一定能梦想成真。人生有梦是幸福的，只要不是永远活在梦中。

02 理想是一种伟大的力量

哈佛·约翰在穷困潦倒时，就野心勃勃地想以数百万美元的金钱创立哈佛大学，几经努力，终于实现了；耶鲁大学在初设时，只有少量的书籍，而现在是藏书最多的世界著名学府。

这就是化理想为事实的好例子。理想是使我们向前面展望、向高处攀登的动力，是与生俱有的，它是指示我们走上至善之路的指南针。

你的理想，就是你取得事业成功的预言。

其实，每个人的理想和现实之间都是有距离的，绝大多数人的理想都会被现实的铁锤一次次地击碎。于是人就分了两种，一种是越挫越勇，而另一种是逐渐降低理想。

理想有高中低三档。如果你的理想是100分，它没有实现，这个理想可能是60分，是中等的；如果你制定的理想开始就是0分，或者只要10分，还往哪里退？

有些人开始上学的时候说，一定要成为比尔·盖茨那样富有的人。当参加工作以后，发现成为世界首富不太容易，于是就退而想成为中国首富。又努力了几年以后，觉得成为中国首富也很难，于是再降低理想，想成为本省的首富，后来说要么成为本市的首富……

最后说，实在不行成为单位的首富也好，再最后，就是当班组里最有钱的人。再后来的目标就是千万别被下岗，发50%的工资也行，可最终下了岗。

所以说，千万不要去降低你的理想，而要让你的理想越挫越勇。

本田汽车公司的创始人本田宗一郎从小就有伟大的理想。

本田宗一郎从小家境非常贫困，由于父亲是铁匠并兼修自行车，在耳濡目染中，他对机车事业产生了兴趣。

小时候，当他第一次看到机车时，简直入了迷。

他回忆道：我忘了一切地追着那部机车，我深深地受到震动，虽然那时只是个小孩子，但我想就在那个时候，有一天我要自己制造一部机车的念头已经产生了……

20世纪50年代初期，本田宗一郎带领自己的公司进入本已非常密集的机车工业。在5年内，他却成功地击败了机车工业里的250位对手。他"理想"中的机车在1950年推出，实现了儿时的理想。

在1955年，他在日本推出"超级绵羊"系列产品，1957年在美国推出。这款不同凡响的产品，加上创意新颖的广告口号——"好人骑本田"，使本田机车立刻成为畅销的热门产品。

到了1963年，本田机车几乎在世界各个国家都变成了机车工业里最重要的力量，让意大利的机车和美国的哈雷机车公司大败。

盖茨从小就有一个这样的理想：将来，在每个家庭的桌子上面都有一台个人电脑，这些电脑里面运行的则是自己所编写的软件。

正是在这一伟大理想的催生下，微软公司诞生了。也正是在这个

公司的推动和影响下，软件业才从无到有，并发展到今天这种蓬勃兴旺的地步。

犹太人生活宝典《塔木德》上有这样一句话："一个没有翻译出来的梦，就像一封没有拆开的信。"也就是指，一个人应该大胆去追求自己的理想，否则你的理想一点价值都没有。

戴尔公司董事长迈克尔·戴尔的成功就是他追逐理想的结果，他曾告诉朋友们，他的理想就是成为世界上最大的私人电脑制造商。

朋友们都认为他是个幻想家，然而戴尔成功了，他说："为什么大家都甘做第二、第三或第十呢？"

自1995年起，戴尔公司一直名列《财富》杂志评选的"最受仰慕的公司"，2001年排名第10位。

2014年12月份《第一财经日报》上说："1984年，迈克尔·戴尔在他的大学宿舍里凭着一个想法和1000美元开创了戴尔公司。如今戴尔年收入超过600亿美元，在全球有近11万名员工，为180个国家和地区的客户进行服务。"

经商需要激情，而理想恰恰是激发激情的动力，正是伟大的理想造就了天才，并促使这些天才努力追逐自己的理想，最终走向成功。

理想是人心中的罗盘，它不停地召唤着人前往，使之产生坚定不移的去向，并为之奋斗不已。

有了理想，同时还须有实现理想的坚强意志与决心。有理想而没有努力，有愿望而不能拿出力量来实现愿望，还是不足以成就一番事业的。只有确立实际的理想，并加以艰苦地工作，不断地努力，才是伟大的事业。

03 有梦想才能成就大事

梦想其实就是一种生活或工作的目标，是一种人生理想。对于我们每一个生活在现代社会中的人来说，要想获得成功就必须拥有梦想，因为梦想是我们获得成功的起点。

如果你是一名创业者，你更应该在创业初期就为自己树立一个超越普通人的更大梦想，因为只有超越现实、打破自己当前立足点的梦想，才能够让你取得更大的成功。

正所谓："梦想有多大，事业就能做多大！"

创业者首先要有一个梦想，这点很重要。

1995 年，马云第一次在西雅图上互联网，登录一个搜索网站，他输入"Chinese"的关键词，但是当时的搜索答案是"no data（没有数据）"，因为当时的中国还没有接入 Internet。

马云对互联网感到神奇的同时也十分沮丧，于是他就叫朋友做了一个他的海博翻译社的网页并挂到网上。虽然网页十分简单，只有一些介绍的文字和一个临时注册的邮箱，但到了晚上，他居然收到了 5 个人的回信。

当时马云特别激动，尽管他并不懂网络，但嗅觉灵敏的他有一种发自内心的直觉，他觉得互联网这东西将来肯定有戏，互联网将改变世界！

不安分的马云随即萌生了一个想法：要做一个网站，把国内的企业资料收集起来，放到网上向全世界发布。

这个梦想促使马云开始下海创业，创办了"中国黄页"。

做一个追风筝的人
——冯仑的商业理想与感悟

1999年，35岁的马云推辞了新浪和雅虎的邀请，决心南归杭州创业，团队成员全部放弃其他机会决心跟随。

1999年2月，马云在他的家中召开了第一次全体会议，18位创业成员或坐或站，神情肃穆地围绕着慷慨激昂的马云。

马云发表着激情洋溢的演讲："黑暗中一起摸索，一起喊，我喊叫着往前冲的时候，你们都不会慌了。你们拿着大刀，一直往前冲，十几个人往前冲，有什么好慌的？"

在这次"起事"的会议上，马云和伙伴共筹了50万元本钱。

在这次会议上，马云说："我们要办的是一家电子商务公司，我们的目标有三个：第一，我们要建立一家生存80年的公司；第二，我们要建立一家为中国中小企业服务的电子商务公司；第三，我们要建立世界上最大的电子商务公司，要进入全球网站排名前十位。"

从这天开始，马云开始铁下心来做电子商务。

尽管只有50万元的创业资金，但马云首先花了3000美元从一个加拿大人手里购买了阿里巴巴的域名。

他们没有租写字楼，就在马云家里办公，最多的时候一个房间里坐了35个人。他们每天16~18个小时疯狂工作，日夜不停地设计网页，讨论网页和构思，困了就席地而卧。

马云不断地鼓励员工："发令枪一响，你不可能有时间去看对手是怎么跑的，你只有一路狂奔。"他又告诫员工："最大的失败是放弃，最大的敌人是自己，最大的对手是时间。"

阿里巴巴就这样孕育、诞生在马云家中。

1999年3月，阿里巴巴正式推出，逐渐为媒体、风险投资者关注。马云在拒绝了38家不符合自己要求的投资商之后，于1999年8月接受了以高盛基金为主的500万美元投资，又于2000年第一季度接受了软银的 2000 万美元的投入。

2014 年 9 月 19 日，阿里巴巴集团正式在纽约股票交易所挂牌交易。截至收盘，它超越 Facebook 成为仅次于谷歌的第二大互联网公司。

与那些有着光鲜背景的互联网神话制造者不一样，马云太普通了：他不懂电脑，不懂网络，对软件、硬件一窍不通；他没有钱，没有家庭背景，没有社会关系，没有名牌大学的出身，没有海外留学的经历，没有 MBA 学位——但他有梦想！

他用自己的梦想吸引和团结了一帮有梦想的人，他们的梦想和实干又带来了资本的青睐，并在资本的支持下逐步把梦想变成了现实。

在创业的过程中，创业者会因为梦想而变得不甘心，因为不甘心而付出更多更大的努力，所以他们才会取得最终的成功。我们所熟知的很多白手起家的成功者，都用自己的事迹向我们证明了这一点。

梁亮胜，旅港实业家，丝宝集团董事长，现定居加拿大温哥华市，上了《福布斯》"中国富豪榜"。

现在功成名就的他，其实在当年也不过是一个打工仔而已，但这个打工仔与别人的不同之处，就在于他有属于自己的梦想。

1982 年，梁亮胜偕同太太，与自己所在内地工厂的 40 多名同事一起被派到了香港工作。

当时的生活可以说是十分艰苦，在他们居住的那套不到 30 平方米的房子里，一共住着三家人，除去公用厨房、洗手间、走道所占的面积后，房间小得可怜。

为了实现自己的梦想，梁亮胜不顾条件的艰苦，依然坚持着每天晚上都去夜校学习，以增长知识、提升自己的能力。

在刚到香港最初的 3 年里，梁亮胜就通过自己的努力，系统地完成了航运、英语、国际贸易和经济管理等课程的学习。

之后，做国际贸易的他，通过"广交会"知道了内地急需木材的情况后，就和内地的商家取得了联系。

在向内地贩卖了几次檀香木材后，梁亮胜赚到了自己人生的第一桶金。

1986年，梁亮胜开始了为期两年的市场调查，之后就凭着自己的调查结果找到了合作者。1989年3月，在香港贸易发展局的帮助下，梁亮胜的丝宝集团正式在香港注册，主要出品舒蕾、风影等品牌的洗发水、女性健康用品、化妆品等。

如今，梁亮胜已经成为一个名副其实的成功者，他不无感慨地说："回头来看，一起到香港的40多人现在都还在工厂里做工，因为他们满足现状，觉得现在做工比原来在内地做工好多了。"

梁亮胜的话清楚地告诉我们，正是他不安于现状的梦想，铸就了他今天的成功。

正是因为他总梦想着自己能够赚更多的钱，能够过更好的生活，他才能够使自己做得更好，最终创业成功，成为自己的主人。

与他一道来香港做工的那40多个工友，缺乏的正是像他这样的梦想，所以他们在30年前给别人打工，30年后依然在帮别人赚钱。

梦想使梁亮胜成就了自己的人生，而那些在现实中不思进取的人，也只能像梁亮胜的那些工友一样永远为别人打工。

一个真正的创业者一定会有自己的远大梦想，他们会通过自己的努力去为梦想而奋斗，他们会因此而让自己在出人头地的同时拥有财富和社会地位，并获得他人的尊重。

有梦想才能成大事，作为创业者来说，要想取得大的成就，首先你就要有大的梦想。

梦想，是你成功的起点！

◆冯仑故事：理想需要热情的投入

冯仑在自己的书《理想丰满》里面，用俏皮的语言为理想做了解释：

理想是墙上挂的美人像，很漂亮；现实是炕上的媳妇，能够生儿子、过日子。如果不能把墙上的美人变成炕上的媳妇、最后生出孩子来过好日子，爱情的理想就会随风飘逝。

美人给你的是理想，若能将美人变成炕上的媳妇，就能生出孩子让血脉延续。即使这理想在我这代实现不了，那下一代还有希望，这是一个正向激励过程。

接着，他通过一则故事，阐释了理想的正能量：

这种正向激励，在我一个日本朋友身上体现得很明显。

我这日本朋友叫命尾晃利，我们刚开始办公司不久，他就来到了公司，是一个朋友介绍的。他做的是粉末技术工程，他们家族两代人就做这一件事，把筛子眼做到全世界最细，市场上的份额，他们家占了百分之七八十。

我去了以后发现他们的经济状况并不好，基本上不赚钱，工厂冷冷清清的，但他不放弃。

生存不下去,有的人为理想而献身,用牺牲来结束,表明他没放弃。但这个人特有意思，跟万通相处最久，结果是跟万通从来没做成过生意，以至于后来他一来公司，我们就说老人又来了。

有一次王功权、易小迪和我在漓江与他见面，他居然说："从你们身上我看到了未来中国的影子。"

他认为他看到了我们身上的理想和热情。这是因为，一方面他自己很执着地坚持他的专业理想；另一方面他当时已经六七十岁，以这种心态来看待年轻人很有理想、很热情地做事便很欣赏。

常言道，吉人自有天相或有贵人相助，这个贵人是怎么来的？他是闻着你的味儿来的！你要是盗贼，那可能是骚味儿、臭味儿，会有些坏人来；你要是好人，同样也会有好人来。

理想特别像中药，虽然药性慢，可它能解决根本问题。

理想需要执着，更需要不断地投入自己的热情和力量。这个看法，源于冯仑切实的感受：

四川有很多老太太一路磕头到布达拉宫，毅力来自她们的信仰。

我在台湾骑自行车环岛的时候9天骑了1100公里，我觉得我挺有毅力的。但路上碰到一个妇女磕头环岛，我一看比我还猛，便停下来问她，你要走多少天？她不多说话，就说她要拜一拜。

她心里头有一个东西，那就是信仰或崇拜。

我飞了纽约50多次，其中最困难的一段时间是经常要打干扰素那一年。

我十几年前去一家医院体检，因为针头不干净被传染了丙肝病毒。当时医院的治疗方法是一周打一针干扰素，每次打完针后都会发三天烧，体温大致在37.5～38.5℃之间。

那一年我打了将近50针，大约140多天都在发烧，每天面黄肌瘦的。

当时，我的理想是非要在纽约建一个"中国中心"，中间经历了很多曲折，直到2009年我才终于把合同签了下来。

通过这件事，冯仑感悟说：

古人讲君子必有坚忍不拔之志，才有坚忍不拔之力。人的毅力的弹性，就像橡皮筋能抻很长。就我这成天在外折腾、平素完全没有时间锻炼的身子骨，走130多公里戈壁滩照样也能扛下来。

在年轻时我受的教育是：要实现理想，必须文明其精神、野蛮其体魄。

为了让身体变得结实，我和几个发小故意喝生水、淋雨，慢慢地就变得能屈能伸，怎么都能活。

理想就是黑暗隧道尽头的光明，因为有这个光明，你不会恐惧，你还会有动力坚持往前走。而如果这个东西灭掉，你就没了目标和方向，就会恐惧乃至迷失。

……

现在大家都在讲"理想很丰满，现实很骨感"，怎样让骨感的现实朝丰满的理想逐步接近？理想需要阶段性地被鼓励，就像马云那样卖点股票，套现一两亿港币，体验一下创业的阶段性成果，给自己一点鼓励。

我们要把理想和现实之间这座桥一段段地接起来，在每一段都给自己一点回馈，让自己可以享受一下这些许的成功。这些阶段性的小成功连起来，必然能通向最终的理想。

◆冯仑启示：

01 企业领导没有野心，下属就没有信心

对于企业领导来讲，野心是一个好东西。野心不仅能使自己迈向成功，也能激励他人实现自己的梦想。

企业领导的野心往往是领导力的重要体现之一。

企业领导者野心强烈，那么这种野心也会传导给下属，增添下属们的信心，进而激发员工的工作热情。因此，企业领导的野心对于企业的下属来讲起到了催化的作用。

可以说，一个没有野心的领导，下属也将对他所领导的企业和工作失去信心。

苹果公司的精神领袖史蒂夫·乔布斯可以说是优秀的野心家。

前战略和营销副总裁特里普·霍金斯曾经这样评价乔布斯："史蒂夫的抱负中蕴含的力量大得吓人，当史蒂夫对一件事坚定不移时，可以说那股力量能摧毁一切障碍，吓得所有异议和困难都不敢出现了。"

由此可见，乔布斯将自己的领导魅力，已经发挥得淋漓尽致。乔布斯用自己的一生，给那些缺乏领导野心和魅力的人，树立了一个学习的标杆。

领导者如果想领导一群人与自己并肩作战，而且跟自己同一条心去奋斗，关键就在于领导者必须具有领袖的野心。

如果领导者不能以自己的野心去征服员工，便不可能激发他们的工作热情，员工也不可能有更大的作为，最后只会形成一盘散沙，成功自然也就成了自己一厢情愿的奢望。

乔布斯正是明白了这一点，才迫不及待地将自己的野心公之于世。

可以说，一个人要想征服一群人，可想而知他所蕴含的力量必须十分强大，而这些力量的源泉就是野心。

只有有野心，才能够激发团队全体成员内心的潜力。因此，一位优秀的领导者所要做的，便是将自己的野心暴露给员工，并以此点燃员工们的工作热情。

乔布斯最令人着迷之处，就在于他怀抱着改变世界的野心。

PPT的发明者坎贝尔，年轻时曾在丹佛一家小软件公司当程序设计员。1977年，他为苹果电脑写了一个关于基础会计的软件，乔布斯非常欣赏这个年轻的电脑高手，便打电话邀请他来加州见面。

当时的乔布斯还默默无闻，坎贝尔也没怎么听说过他。因此，在会见乔布斯之前，坎贝尔马不停蹄地拜访了多家公司，希望能找到适合自己的职位。

坎贝尔拜访的第一家公司，就是苹果公司的竞争对手泰迪。

当坎贝尔询问泰迪的高管，他们对个人电脑的未来有什么看法时，泰迪的高管说道："我觉得它会成为人们在圣诞节相互赠送的大礼，它简直就是下一个民用波段收音机！"

民用波段收音机是当时最时尚的产品，泰迪的高管认为电脑也会成为一种时尚。然而，坎贝尔对于这一答案并不感兴趣。

紧接着，坎贝尔又去了其他几家公司，并问了同样的问题，但他

们的答案都没有打动坎贝尔。最后,他才见到了乔布斯。

坎贝尔回忆道:"乔布斯讲的故事太精彩了,他滔滔不绝地讲了一个小时,关于个人电脑如何改变世界,他为我描述了一幅宏伟的蓝图:在未来,我们的工作、教育、娱乐等一切都将被个人电脑所改变。我想,没有人能抗拒这么美丽的梦想。"

乔布斯用他的远见和宏图震撼了坎贝尔,坎贝尔当即加入了苹果公司。

30多年以后,每当坎贝尔回忆起与乔布斯会面的情景,都会兴奋不已,他说道:"史蒂夫是一个怀抱着改变世界的野心的人,他能够看到海的那头。"

与此同时,坎贝尔认为这正是乔布斯与其他领导人最为不同之处。

创业之初,苹果公司能吸引大量投资的关键,也在于乔布斯这种令人深深折服的野心。

当乔布斯创立人生中的第二家公司NeXT时,他不但将苹果研发团队的核心力吸引到自己身边,还成功地吸引了不少机构和个人来投资,如佳能公司就向他投资了一亿美元,就连竞争对手微软的比尔·盖茨,也给他投入了一笔不小的资金。

苹果公司创立之初,像沃兹·尼亚克、杰夫·拉金斯、迈克·马库拉这些合作伙伴,也都加入到了乔布斯的寻梦之旅中,没有这些人,也就没有苹果的今天。

要做好一个领导者,必须拥有个人魅力和强大的野心。

如果一个领导者只满足于当前的成就,毫无野心的话,他的下属们就不会释放出更大的工作热情,这种安于现状的团队,永远都不可能获得更大的发展。

一个平凡的领导者和一个有野心的领导者最大的区别在于:前者

是见好就收，太容易满足而不求进取，一旦得到舒适安逸的位置就不再努力；后者却截然不同，他们有着一个清晰的奋斗目标，一个目标完成了，下一个目标就会立即推出。并且，他们还会尽力寻求不满足的地方，以发现自己的缺点，并作为改进的突破口。

我们都不想成为一个失败者，都想在人生的道路上留下成功的足迹，因此，我们必须让自己的野心再大一点。即便我们现在还不是一名领导者，也要具备领导者的野心。

这样的野心，能使我们获得更多前进的动力，而不是停在原地等待机会的来临。唯有这样，成功才会悄悄地降临在自己身边。

企业领导行为的实施依靠的是下属的自愿追随。

对于企业领导者来讲，要真正实现下属追随的自愿性，必须给予下属追随他的信心。这个信心源自对领导者个人魅力的认可，更是源自企业领导者本身所具有的信心。

不管从哪个角度来说，作为一名优秀的领导者，都必须拥有野心，这样才能更好地培育、增强下属的信心。

02 要努力追逐自己的梦想

要想成为一名优秀的企业领导者，就要时刻怀揣梦想，并且拥有为实现梦想而不断拼搏的激情。奇虎360CEO周鸿祎就是这样一个人。

1998年周鸿祎创立了3721网络实名，梦想就是让中国人上网更方便、更简单。2004年，3721以1.2亿美元的价格出售给雅虎公司。

卸任雅虎中国CEO一职后，周鸿祎对客户端软件痴心不改，作为天使投资人，先后帮扶迅雷、酷狗等互联网公司做大、做强，帮助他人实现了梦想。

2006年，仍然充满创业热情的周鸿祎出任360公司的董事长，随后在互联网安全领域一路过关斩将，推出了360免费杀毒软件，把互联网安全梦想做大。

"当时，我们推免费杀毒，是主动放弃了每年上亿元的收入。"周鸿祎说。

在推出360免费杀毒软件之前，360每年在线销售其他品牌杀毒软件的收入达到1.6亿元。"可以说，让每台电脑装上正版的杀毒软件，早在我任职雅虎中国CEO的时候就想这样做，这一直是我的梦想。"

2011年3月30日，周鸿祎带领奇虎360在美国纽交所上市。

2014年12月，360投资4.095亿美元与酷派成立合资公司。2015年3月10日，360公司确认，周鸿祎担任酷派和360合资公司CEO。

2015年4月，周鸿祎登上"福布斯华人富豪榜"。

这就是周鸿祎，为了自己的梦想而不断拼搏，这也是他能够取得成功的重要原因之一。

对于企业管理者来说，管理经验也许是非常重要的，但是，除此之外，企业管理者更需要的是追逐梦想的激情。

凭借这种激情，企业管理者可以释放出巨大的潜在能量；凭借激情，企业管理者可以把枯燥乏味的工作变得生动有趣，使自己充满活力，激发自己对事业的狂热追求；凭借激情，企业管理者可以感染周围的人，让他们理解你、支持你，同时让周围的人和自己一样富有激情地投身于追求梦想的实践当中。

马云创业之时，就梦想做一家中国人创办的全世界最好的公司，梦想做一个世界前十名的网站。

这个梦想对于几乎一无所有的马云来说，实在是太伟大和太疯狂了，所以他很快就得到了"疯子"的称号。

创办阿里巴巴之初，当公司规模还很小时，马云就梦想："很多人都懂得怎么赚钱，世界上会赚钱的人很多，但世界上能够影响别人、完善社会的人并不多，如果要做一个伟大的公司，就得做这些事。这些事不是赢利、上市，而是改变世界，尤其是改变中国商业的规则。"

当阿里巴巴渐成气候时，马云又梦想："我的'四大天王'每人至少能管理市值1000亿元人民币的公司，'八大金刚'管理500亿元，'十八罗汉'管理300亿元，'四十太保'至少管理10亿元。别人说阿里巴巴是'黄埔军校'，我们就是要做这个事，但不是刻意做。结果是我们为中国互联网产业，为新经济产业培养和造就了大批优秀人才。"

"10年之后，我的考核指标是：世界500强中，中国企业的CEO有多少是从阿里巴巴出来的。那时就会形成吸收了美国全球化战略和日本严谨管理风格，又融合了中国太极的中国流派和中国方针，那时，中国军团在世界的声音就不会是现在这么一点儿！"

在遍地都是机会的中国，只要你有梦想就可能梦想成真，马云已经成为梦想创业的一个符号。

马云认为：一个创业者除了有梦想、有决心、有毅力之外，还得有智慧。

马云告诉创业者：第一次创业的时候，你必须弄清楚想做什么，到底要做什么，不要受外界影响，你自己要确定你今天就是要做这个事情，要有决心。

有了梦，还得敢于为梦奉献一生。得像马云一样有梦想，也有决心敢于为梦想舍弃一切，敢于行动，敢于做探索者和开拓者。

03 建立美好的愿景

在解释愿景时，西方有本教科书曾用了一幅漫画，画中一只小毛毛虫指着它眼前的蝴蝶说，那就是我的愿景。

可见，愿景是一个主体对于自身想要实现的目标的具体刻画。

随着企业的不断发展，企业的规模会越来越大，企业员工的组成也就越来越复杂。不同的年龄、不同的工作经验与能力、不同的思维方式、不同的需求、不同的岗位与职位等等，如何将这些不同的员工凝聚在一起，单单依靠企业的制度是不够的，单单依靠各层管理者自身的领导能力也是不够的。

而企业愿景能够为所有员工提供一个共同的目标，在这个共同目标的指引下，具有种种不同的员工才能成为一个"共同"体。如果企业的愿景是员工所共同期望的和认可的，就会激发每个员工的热忱。

因此在企业领导中，愿景有着独特的、无法替代的价值。

企业中的共同愿景会改变成员与组织间的关系，它不再是"他们的公司"，而是"我们的公司"；共同愿景是使互不信任的人一起工作的第一步，它产生一体感；共同愿景具有强大的驱动力。

在追求愿景的过程中，人们会激发出巨大的勇气，去做任何为实现愿景所必须做的事。

共同愿景最简单的说法是："我们想要创造什么？"

在人类群体活动中，很少有像共同愿景那样能够激发出这样强大力量的。

1961年，肯尼迪总统宣示了一个愿景，它汇集了许多美国太空计划领导者多年的心愿，那便是：在 10 年内，把人类送上月球。

这个愿景引发出无数勇敢的行动。

另外，共同愿景培育出承担风险与实验的精神，就如赫门米勒家具公司的总经理赛蒙所说："当你努力想达成愿景时，你知道需要做哪些事情，但是却常不知道要如何做，于是你进行实验。如果行不通，你会另寻对策、改变方向、收集新的资料，然后再实验。你不知道这次实验是否成功，但你仍然会试，因为你相信唯有实验可使你在不断尝试与修正之中，一步步接近目标。"

我们来看一下世界上一些著名企业宏伟、惊险而胆大的长期愿景规划：

在 2000 年时成为拥有 1250 亿美元的公司（沃尔玛公司，1990 年）；

成为全球最知名的企业，改变日本产品在世界上的劣质形象（索尼，20 世纪 50 年代初）；

成为迄今为止世界上最强大、最具服务意识、最广泛的金融机构（花旗银行，1915 年）；

在民用飞机领域中成为举足轻重的角色，并把世界带入喷气式时代（波音公司，1950 年）；

击败阿迪达斯公司（耐克公司，20 世纪 60 年代）；

我们将打败雅马哈（本田公司，20 世纪 70 年代）；

……

正是有了这些愿景规划，他们不断努力，其中很多企业都实现了自己的愿景规划。

如何才能让企业愿景牵引员工走向未来呢？要想让企业愿景成为振奋士气、催发大家前进的武器，以下四个方面的支撑必不可少：

（1）清晰的表达

目标宏大、需要长期坚持奋进是愿景的两大基本特征。但也正因为如此，企业愿景一旦设计规划不好，往往就会变得好高骛远，无疑空喊口号。

愿景是一种生动的景象描述，如果不清晰，人们就无法在心目中建立一种直觉形象，鼓舞和引导的作用也难以发挥。

例如，亨利·福特的"使汽车大众化"就非常形象生动。福特还进一步表达了他的愿景："我要为大众生产一种汽车，它的价格如此之低，不会有人因为薪水不高而无法拥有它，人们可以和家人一起在广阔无垠的大自然中陶醉于快乐的时光。"

（2）让员工有看得见的好处

多数企业的愿景最终沦落为老板一个人的战争，原因是，没有员工看得见的好处。随着更多更自我的90后、95后等新时期员工的加入，如何让愿景成为大家衷心认同的同一奋斗目标，就更具挑战性。

怎样才能做到这点呢？

很重要的一点就是：找到企业与员工利益的一致性，展现出大家能够从逐级实现企业愿景的过程中得到的价值、利益。

3M公司实现企业愿景的征程中，就很好地将员工的个人愿景与企业愿景进行了统一。比如，你要当发明家，要做自己产品的操盘手，你就可以向公司申请资金，用于启动自己的个人项目，时间在工作时间的15%以内即可，公司也允许项目的失败。

正是这种将企业愿景与个人愿景相互转化的做法，让3M公司在100多年历史中开发了6万多种高品质产品，并总能快速推出令人耳目一新的产品。

（3）建立上下级信任

如何才能获得员工的信任，达成共同的目的和愿景呢？

首先，有必要将员工当作自己的事业伙伴，奉献自己的爱和真诚；其次，员工要能从中分享到好处；再次，员工在实现愿景"途中"就能"分期"享受到利益，而不是愿景实现了大家才能分享；最后，企业家要身体力行，而不是一边讲着伟大的企业愿景，一边干着背道而驰的事。

但要做到这些，却并不容易。

（4）愿景的重要组成部分

在愿景的描述中，激情、感染力和令人信服是重要的组成部分。理想需要激情，愿景也需要激情，但是，很多企业家喜欢拿愿景做文章，乱结合、瞎联想，有时候把愿景吹得比天都大，落脚时却连地上的蚂蚁都不如。

在这个大玩概念的时代，尤其是企业文化建设过程中，很多人把文化做成了概念，希望大家千万不要把企业最中心的文化问题浓妆艳抹、吹拉弹唱作罢。

切记，愿景不是挂在嘴边的口号，而是能清晰勾勒出的一幅图画，是衡量企业战略规划执行情况的一把刻度尺。

很多企业都有自己的愿景，但是战略制定执行、管理实践等方方面面都缺少了它的参照和衡量，这是得不偿失的举措。

◆冯仑故事：实现理想需要一直熬下去

关于理想的实现，冯仑提出了自己的看法，那就是：伟大是熬出来的！

伟大和折腾并不矛盾，冯仑解释说：

"伟大"和"折腾"，我总提到这两个词。

有些人质疑，一方面我说"伟大是熬出来的"，另一方面又说自己在工作中喜欢折腾。一个是比较主动的概念，一个是比较被动的概念，感觉有些冲突。

"折腾"跟"熬"，确实前者是主动去做，后者是被动去挨，但其实这两者并不冲突，而是两个角度上的问题。

"折腾"，我们可以翻译成书面语言叫奋斗，这是追求。

"熬"，是在奋斗过程中遇到一些曲折时必须采取的人生态度。用"熬"这个字，更形象、强化地表达了内心的一种纠结，被迫无奈这样的一种复杂状态。

关于创业者的"煎熬"这点，他做了清晰的解释：

在奋斗中遇到挫折必须要熬。为什么要熬呢？

人生有时候前进不得倒退不得，就待在那儿。在你遇到特别纠结困难的时候，像还不起钱，别人来要账，出什么招的都有，比如说带着孕妇来，吐在你那儿折腾你，你必须得熬。

但是你要告诉他们，你肯定会还钱的决心。

我们遇到那样的情况，就总跟合作伙伴讲，我们现在不是态度问题是能力问题，我们是有诚意的，但是目前的确没能力。

后来还有来要账的，然后非得要让我们把个人账户给他们看，看到底是能力问题还是态度问题。

像这类事情在十几年前经常遇到，我们必须要挣扎、忍耐着面对并正确处理。

因此，"熬"是直面问题，我们不是直面惨淡的人生，而是要直面问题，我特别烦那种装孙子的状态。我总在讲，如果有一个问题，去解决它，最坏还剩半个问题没解决完；如果躲，就变成了两个问题。

我就是一直抱着这样的心态熬着，什么问题出现我都迎着上，让它变成半个问题。如果有能力再进一步处理一下，就什么问题都没有了。这就像爬山，熬过艰难的攀登过程，到山顶一看，天高云淡，神清气爽。

你只有经历了前面的过程，才能真正体会到后面的愉悦。

关于理想的坚持，冯仑在他自己的杂志《风马牛》第二期里面接着解释了"熬就一个字"：

男人最大的问题，就是30多岁还没有成功。

现在的社会反差特别大，坚守自己的人生目标特别难。随波逐流总是成本低，但与其对自己不负责任，不如设定一个特别大的目标，然后熬，一直熬下去。

熬是个什么概念？

20多岁刚毕业，你还处于社会的边缘，什么事都是哥哥姐姐、三四十岁的人说了算，你得求这些人；等到30多岁你才开始进入剧场的最后一排，有了一张门票可以看别人演；到四五十岁就挪到中排靠

前一点了，看戏你就可以看得清楚了；如果要出类拔萃，你就得坐到第一排，再要出类拔萃，你就要成为演员了。等到你演完了，别人一鼓掌你也就该下场了。

20多岁时，你一定要有个准备，就是尽快拿到入场券。比如说你进了公司，有了一个稳定的职业，或者一个基本稳定的生活，但是你还在骑自行车、赶公共汽车，这就需要尽快入场。

这很正常，我研究生刚毕业时，工作了8年，每天都是骑自行车赶到374路车站，然后坐公共汽车，下车后再走一站地。回头想来不委屈，20多岁肯定有这个过程，如果20岁时就跟50岁人一样，那这出戏就乱了，而中国十几亿人都是这么演的。

插队实属偶然性，比如像丁磊是另外一种人生，这种概率极小。你可以朝着他奋斗，但成功不是设计出来的，是靠信念支撑，加上各种机遇偶然蹦出来的。

当你成为演员，基本上也该谢幕了，下面的人又接下来唱，这个戏才能不断演下去。现在70多岁的人基本上退回到场外了，看他儿子演、孙子演，就这么一茬儿接一茬儿的。

熬要有耐心，熬不是你一个人熬，而是一代人在熬。

◆冯仑启示：

01 把梦想一步步变成现实

央视有一条令观众十分熟悉的公益广告，画面是这样的：一个冬季的清晨，梦想跳舞的农家小女孩在皑皑白雪的映衬下，在院子里翩翩起舞，期望有一天能有机会在真正的大舞台上尽情地表演，向观众展示她那优美的舞姿。她一直跳，一直跳……终于从小院跳到了万众瞩目的舞台，从独自旋转跳到了万人共舞。

那句经典的广告语更是深入人心：心有多大，舞台就有多大！

心之所想，力之所至。只有想不到，没有做不到。能够成就一番事业的，无一不是敢想敢做的人。

他出生在一个普通的农户家中，家里很穷，从小时候开始，他就必须跟着父亲下地种田。休息时，他会坐在田边望着远处出神。父亲问他想什么，他咧开嘴，露着豁牙说："我将来长大了，不要种田，也不要上班，我想每天待在家里，有人给我往家里寄钱。"

父亲听了，笑着拍了一下他的脑袋，说："荒唐，你别做梦了，我保证这世上就没有这样的日子。"

后来他上学了。有一天，他从课本上知道埃及有许多金字塔，他欢快地跑去对父亲说："爸爸，长大了我要去埃及看金字塔。"

做一个追风筝的人
——冯仑的商业理想与感悟

父亲这次生气地拍了一下他的头，说："真荒唐，你又做梦了，我保证你不会去。"

时间飞逝，少年转眼长成了青年。他考上大学，毕业后做了记者，写文章，写书，平均每年都出几本书，有一本甚至卖了几百万册。他每天的工作就是坐在家里写作，出版社、报社会给他往家里寄钱。

他用写作得来的收入去埃及旅行，站在金字塔下时，他抬头仰望，想起小时候父亲说过的话，不禁在心里默默地对父亲说："人生没有什么能被保证！"

他，就是台湾著名的散文家林清玄。

作为一个农家子弟，他想坐在家里让别人给他邮钱，想上埃及去看金字塔，这些想法连他的父亲都嘲笑他。但是他为了实现自己的梦想，坚持不懈地努力，终于成为优秀的散文家，他把父亲眼中所有不能实现的事情，都变成了现实。

我们每个人都有一个美好的梦想，但梦想和现实往往有着遥远的距离。经营梦想就是要我们通过自己的努力，把看似遥远的梦想一步步变成现实。

成功者和平庸者最大的区别就是，他们懂得经营梦想，而不是把梦想仅仅作为梦想，夜晚时在梦中想一想，白天又放下，不想，也不行动。

人每天都会做梦，渴望成功的人更是常做发财梦。光做梦还不行，没有实际行动，只会在梦中过财富瘾，就会跟吸毒一样，飘飘然一时，庸碌碌一世。

一个年轻人在上大学时，发现大学的教育制度有许多弊端，就向校长提出。他的意见没被接纳，于是他决定办一所大学，自己当校长来消除这些弊端。

办大学至少需要100万美元，上哪儿去找这么多钱呢？等毕业后去挣，那太遥远了。于是，他每天都苦思冥想如何能"搞到"100万美元。同学们都认为他已经疯掉了。

终于有一天，他想到一个办法。他打电话到报社，说他准备明天举行一个演讲会，题目叫"如果我有100万美元怎么办"。

第二天，他的演讲吸引了许多商界人士参加，面对诸多成功人士，他在台上全心全意、发自内心地说出了自己的构想。

最后演讲完毕，一个商人站了起来，说："小伙子，你讲得非常好。我决定给你100万，就照你说的办。"

梦想真的会吸引金钱！

就这样，年轻人用这笔钱办了亚默理工学院，也就是现在著名的伊利诺理工学院的前身。这个年轻人就是后来备受人们爱戴的哲学家、教育家冈勒斯。

旅馆业大王希尔顿说过："你必须怀有梦想。"这句话也揭开了他发家的奥秘，"我认为，完成大事业的先导是伟大的梦想，我所说的梦想和空想是截然不同的。空想是白日做梦，永远难以实现，也不是人们所说的神的启示。我所说的梦想是指人人可及，以热诚、精力、期望作为后盾的一种具有想象力的思考。"

希尔顿正是在一个个伟大梦想的激励下，白手起家，矢志不移，一步一步地登上事业的巅峰，最终创立了全球性的旅馆业王国。

被誉为"世界旅馆皇后"的华尔道夫大饭店，位于纽约巴克塔尼大街，共有43层，1000多个房间，曾接待过世界上许多国家的国王、王子、皇后、政府首脑和百万富豪，堪称世界上最豪华、最著名的饭店。

早在1931年，希尔顿第一次在报刊上看到这座刚落成的大饭店的照片时，就为之倾倒。他把这张照片剪下来，在它下面写上"饭店中的佼佼者"这几个字。

当时他正处于极度困难的境地，但始终将这张照片揣在皮包里或压在办公桌的玻璃板底下，这是他梦寐以求的理想之物，他发誓一定要得到它。

经过前后18年的努力，希尔顿终于如愿以偿，在1949年10月12日那天，这家饭店终于属于他了。

1954年10月，希尔顿再接再厉，用1.1亿美元的巨资买下了有"世界旅馆皇帝"美称的"斯塔特拉旅馆系列"，这是拥有10家一流饭店的连锁旅馆。希尔顿成功地完成了旅馆业历史上最大的一次兼并，也是当时世界上耗资最大的一宗不动产买卖。

经过数年的努力，希尔顿终于实现了他独霸旅馆业的美梦，成了名副其实的美国旅馆业大王。

如果连梦想都没有，那么一切成功都无从谈起。梦想是你成功的第一基石，你有多大的梦想，你就可能有多大的成功。你的梦想越大，推动你实现梦想的力量就越大，就越可能激发起更大的潜力。

美国著名影星、加利福尼亚州州长阿诺德·施瓦辛格曾在清华大学做过一次演讲，他演讲的主要内容为"坚持梦想"。

他说："不管你有没有钱或工作，不管你是否受过短暂的挫折和失败，只要你坚持自己的梦想，就一定会成功！"

施瓦辛格说，他小时候体弱多病，后来竟然喜欢上了举重，最初也受到了一些人的嘲讽和质疑，可他苦练后铸就了一副强壮的身板，并赢得了世界级比赛的健美冠军。

在随后的从影、从政过程中，外界的质疑也从未中断过，可他没有动摇，最后还是将梦想一个个地变成了现实。

梦想是我们人生的一大动力，它时刻都在引导我们朝着既定的目标前进，激励我们奋发努力，催促我们加快速度，勇敢面对并奋斗到底，直到梦想实现的那一刻。

所以，作为创业者来说，如果你想成就自己的事业，你就一定要有自己的梦想，并为实现梦想而制定具体的目标。

那么，我们该如何来设定自己的目标呢？

首先，目标必须明确。我们都看过射箭比赛，就像射箭者的目标是靶心一样，我们的目标也一定要明确而具体，要包括自己能够想象得到的最想得到的东西。

比如"我一定要成就一番事业"，这个目标就显得抽象而笼统，因为每个人对事业成功的定义都是不一样的。而"我要进入中国富豪榜前500位"，就是一个明确且具体的目标。

其次，目标要尽可能地往高处定，但并不意味着遥不可及。举例来说，一个目标是部门经理的人与一个目标是知名企业家的人相比，他们的工作态度、努力程度都会明显的不一样，当然最终的结果也会有极大的不同。

古人言："期乎上者取其中，期乎中者取其下。"我们在制定目标时，一定要远大一些，这才能称为"梦想"。

最后，为了实现自己的终极目标，我们需要为自己的创业发展做一个详细的规划，并为不同的发展阶段设定不同的发展目标。

其实，梦想就是我们要实现的终极目标，我们必须为实现这个最终目标而制定出一个个小目标，使自己在一步步实现小目标的过程中最终梦想成真，成为一位名副其实的大老板。

记住：未来只属于那些有梦想且相信自己能够实现梦想的人！

让我们每一个人都从自身开始做起，给自己自信，给自己力量，

只要你敢于梦想，你就会有方向，会让一切成为可能。

02 像坚持初恋一样坚持你的梦想

初恋是一个人一生中最不能忘记的情怀之一，梦想则是创业者伴随一生的一种牵挂。

"像坚持你的初恋一样坚持你的梦想"，这是马云向所有年轻创业者发出的最响亮号召。

年轻人有着最火热的青春，对事业有着最执着的追求，当他们把激情投入到创业之中的时候，他们就给自己的创业找到了最正确的态度，同时也给自己的人生找到了一个最好的寄托。

马云用自己的经历证明了这种理念的有效性，也用这个理念去鼓舞这一时代的每一个创业者。

马云曾经说过："很多企业如果两年内还未打开市场，就会后悔以前的决定。阿里巴巴有今天，很重要的一点是9年以来，我们只做电子商务，没有进入过其他领域。如果说当初是为了活命，或者是为了早点上市，或者是为了套现，完全可以进入到短信或者是网游市场。但'起大早赶晚集'是很危险的，所以9年中，我自己跟自己讲，反正已经是9年了，不在乎再熬90年，有这样的心态，才有可能前进。

"永不放弃谁都会说，但是真的撞头后是否会放弃？我自己对这句话的体会是很深刻的，创业的人也是这样，人要成功，就要永不放弃。大家都认为中国是不可能搞电子商务的，没有诚信体系，没有银行支付体系，没有网络的建设，宽带这么慢，大家都认为中国人要讲关系和喝酒才做得成生意，怎么可能在网络上做起来……

"所有人都这么讲,但我坚信一定会实现网络上的交易。中国的电子商务缺少诚信体系、市场体系、支付体系、搜索和软件,没有这些怎么办?那就将它一步步建设起来,创业者等到所有的条件都准备好了再去创业,那成功的人就不会是你了。"

最好的爱情必然是忠贞的,当他选择一个人作为自己的爱人时,他愿意用一生的时间与她相伴。

最美的爱情花朵是需要荆棘来作为陪衬的,愈是艰难的环境,就愈能证明这段爱情的可贵之处。

创业也是如此。当选择好一个项目时,必须经历时间的考验,才能展现出一个"追求者"的真心,只有为一个目标付出充分努力的人,才能收获成就。

马云用"对待初恋"的态度去对待自己的事业,最终开辟了自己的一片天地。马云的这种态度,值得每一个创业者学习。对待事业,要有专注与投入,也要有激情与冲劲,这样才能获得更好的回报。

丁磊大学毕业后,在家乡的电信局工作。

电信局的待遇很不错,但是丁磊觉得那两年工作非常辛苦,同时也感到一种难尽其才的苦恼。于是,他不顾家人反对,1995年辞职到了广州。

回忆起当时的情形,丁磊说:"这是我第一次开除自己。"有没有勇气迈出第一步,往往是人生的分水岭。

到了陌生的城市之后,不知道去了多少家公司面试,也不知道费了多少口舌,颇具耐心和实力的丁磊终于在广州安定下来。

1995年5月,他进入某外企工作,之后又去了一家小公司。因为他相信这家与Internet相关的企业将来会对国内的Internet产生影响,他怀着满腔的热情投入新公司的技术工作中。

但是，也许是在 1996 年的他还只有技术背景，缺乏足够的商业经验，最后发现这家公司与他当初的许多想法相背离，他只能再次选择离开。

1997 年 5 月，已经 3 次跳槽的丁磊对自己的前途整整思考了 5 天，最后决定要自立门户，干一番事业。

"我根本不知道自己的公司未来该靠什么赚钱，只天真地以为只要写一些软件，做一些系统集成就可以了。这种想法后来几乎使公司无法生存。"他后来这样说。

2001 年 9 月 4 日，网易因误报 2000 年收入，违反美国证券法而涉嫌财务欺诈，被纳斯达克股市宣布从即日起暂停交易。随后，网易内部又出现人事震荡。

丁磊经历了无数个不眠之夜，他也曾心灰意冷过，但苦难没把梦想压倒。2002 年 8 月后，网易依靠网络游戏重整旗鼓。

到了 2003 年 6 月 6 日，网易再创历史新高：每股 34.90 美元。丁磊的个人财富也与网易股价一起飙升，开辟了中国史无前例的创富速度。

2015 年"福布斯华人富豪榜"发布，丁磊以个人资产 66 亿美元排名第 13 位。

丁磊认为，虽然每个人的天赋有差别，但作为一个年轻人首先要有理想和目标，其次是，无论工作单位怎么变动，都要怀抱梦想，而且决不放弃努力。

美国有一位哲人曾经说："很难说世上有什么做不了的事，因为昨天的梦想可以是今天的希望，还可以是明天的现实。"

岁月或许会掩埋很多东西，会让我们变得越来越现实，但是我们不能忘记自己第一天的梦想。

如果我们都能像马云、丁磊一样坚持第一天的梦想，为了梦想而努力奋斗，不抛弃、不放弃，那么我们终有一天也能摘到梦想的桂冠，感受到实现梦想的喜悦。

03 即使遇到挫折，也要继续坚持

有这样一则故事：在100多年前，一个穷苦的牧羊人带着他的两个孩子来到一个山坡上，一群大雁鸣叫着从他们的头顶上飞过，并很快消失在远方。

牧羊人的小儿子问父亲："大雁要飞往哪里？"牧羊人说："它们要去一个温暖的地方，度过寒冷的冬天。"

大儿子眨着眼睛羡慕地说："要是我们也能像那样飞起来该多好呀！"牧羊人对两个儿子说："只要你们想，你们也能飞起来。"

两个儿子试了试，都没有飞起来。牧羊人却肯定地说："只有插上理想的翅膀，树立了坚定的目标，才可以飞向你们想去的地方。"

两个儿子牢牢记住了父亲的话，并一直向目标努力着，奋斗着。后来，他们果然飞了起来，因为他们发明了飞机。他们就是美国著名的莱特兄弟。

可见，没有目标和梦想不行，光说不做也不行，只有经过不懈的努力和不断的坚持，才能够成就目标和理想。

在1942年，一位美国宇航专家设计出了火箭。

在这之前，他共做了65121次设计更改，这就意味着在走向成功之前，他一共遭遇了65120次失败的考验。他每天早上起来，都会这样告诫自己："今天也许会失败，但没有关系，明天还可以再来。"

65120次，在常人看来完全是不可思议的一个数字，不过这个数字却能真实地反映出走向成功所需要的考验。经历65120次失败而不放弃，展现出的是一个人为了自己的目标而坚持的品质，而这恰恰是一个创业者在创业过程中最需要学习的。

任何一个创业者不一定都需要面对65120次失败，而这位宇航专家的坚持精神确实是所有创业者都应该具备的。如果一个创业者能以平常心态去面对挫折，并继续坚持往下走，那就说明他在创业上性格已经成熟，以这样的沉稳来为自己的事业掌舵，自然更容易走向成功。

即使在阿里巴巴最困难的时候，马云依然坚持自己的梦想不动摇，勇往直前。

2001年，网络泡沫破灭之后，无情的现实沉重地打击了互联网产业，但是马云仍然觉得契合中国国情的电子商务事业是主导未来的新经济体系。这种经营理念使马云具有精神动力面对严峻的商业环境，也正是这种简约模式使阿里巴巴度过了特殊时期。

从2001年起，互联网遭受了人们的质疑和排斥，一改往昔那种狂热的追捧，主要原因是很多互联网公司的不规范运作。随之而来的是互联网公司的股票大跌。

2002年底，互联网世界开始回暖。新浪、搜狐等相继实现盈利，而一些颇有市场前景的互联网项目也初露端倪，阿里巴巴的用户已经超过400万，马云又在面临新的诱惑。

当时几乎所有人都认为，阿里巴巴拥有那么多有价值的注册客户，具备了开拓任何领域的最佳条件。

马云回忆说，当时摆在自己面前的有三条路：第一条是发展短信业务，以搜狐、网易为代表的门户网站都在这个聚宝盆里淘到了"黄金",阿里巴巴完全有抢夺"蛋糕"的实力;第二条是进入网络游戏领域,当时中国还没有一家大型网络游戏公司,陈天桥的盛大才刚刚起步,如果阿里巴巴进入网络游戏,应当会大有作为;第三条是继续在尚未成熟的电子商务的"老路"上走下去。

马云是一个"一条路走到黑"的人,他义无反顾地选择了原来的路线,拒绝了摆在自己面前的种种诱惑。他给阿里巴巴制定了一个"宏伟"目标:全年只赚一块钱!

2002年12月,阿里巴巴赚到了第一笔一块钱;到2003年底,阿里巴巴的盈利便冲破了600万元。今天,在电子商务领域,阿里巴巴首屈一指。

马云可以成为年轻人的创业榜样,不仅是因为他所取得的巨大成功,更是因为他对创业的清晰解读与自身的人格魅力。在最困难的时候,他展现出来的是顽强生命力,但是在坚持自己目标的同时,他还告知了人们应该注意要改变的方面。

始终坚持与适时改变,这是实现梦想的两个必不可少的法宝。因此,要想获得成功,每一个创业者都应该拥有这样的智慧与才能。

创业需要必要的坚持,但同时又需要能对自己进行必要的调整与改变。面对挫折,要有跨越过去的勇气,面对失败,同样要拥有反思的智慧。

只有进行必要的坚持,才有让自己获得成功的可能;只有进行必要的改变,才能使自己走在正确的方向上。

1975年9月30日,4年未登台已经33岁的阿里,与弗雷泽进行第三次较量(前两次是一胜一负)。进行到第14回合时,阿里已精疲力竭,濒临崩溃的边缘,这时,就是一片羽毛落在他身上,也能使他轰然倒地。

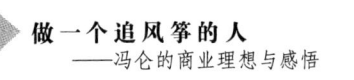

但是，阿里并没有倒下，而是拼着性命坚持，不肯放弃。他心里非常清楚，对方也和自己一样。这个时候，与其说在比气力，还不如说是在比毅力，要想获得最后的胜利，就看谁能比对方多坚持一会儿。

阿里竭力保持自己坚毅的表情和誓不低头的气势，令弗雷泽不寒而栗。

这时，阿里的教练敏锐地察觉到弗雷泽有放弃的意图，并及时将信息传达给阿里，鼓励他继续坚持。阿里的精神为之一振，果然，最终弗雷泽表示"俯首称臣"，自动放弃比赛。

裁判高举阿里的臂膀，宣布阿里获胜。

保住了"拳王"称号的阿里，还未走到台中央便眼前一黑，双腿无力地跪在地上。见此情景，弗雷泽如遭雷击，追悔莫及，因为他错过了自己一生最为重要的一次机会。

拳王阿里所遭遇的情形，也同样会出现在每个创业者的生活中。

面对困难，任何人都会在某些时候感到已然透支了自己的精力，因而有充足的理由放弃。真正的王者总是不会被这样的状态吓倒，他们坚持，直到获得胜利。正如拳王阿里，他懂得当双方都精疲力竭时，坚持下来的才是王者。

如果向所有的成功者寻求致富经验，他们都会提到共同的一点，那就是——坚持。

任何一分收获，都有相应的耕耘以及相应的坚持与等待，成功需要经受考验，只有坚持下来，才能获得成功的果实。

可以说，坚持是成功不可或缺的必备条件。

如果一个人轻易就放弃自己创业的梦想，这是一种不负责任的做法，这样的人永远也不能获得什么样的成就。

创业不能轻易地放弃，但创业也不能固执地坚持。

第二章　让学习为理想插上翅膀

为了实现既定的理想,你会不停地想方设法去学习。有理想的人学习能力特别强,而且不拒绝任何新东西。

——冯仑语录

学万科,我们终于做到了比较从容、专业地发展;学柳传志,我们学到了一个好的价值观,企业比较稳;学马云,我们学会了在新商业规则下怎么生存。

——冯仑语录

◆冯仑故事：学习永远是事业进步的前阶

在冯仑新书《理想丰满》里面，他谈到了理想和学习的关系：

因为它是梦想，离实现总还有距离，所以会推动你学习。

其实理想这件事挺实在也挺实用的，就像我把立体城市当成理想后，发现自己什么都不懂，便买了一堆书回来看，又不断召集团队开会研究，但还觉得不够，便到国外去看。

为了实现既定的理想，你会不停地想方设法去学习。有梦想的人学习能力特别强，而且不拒绝任何新东西。

我在十几岁时曾有过很多奇怪的想法，梦想自己成为一个思想家，因此就天天看书、琢磨。遇到家长不让通宵达旦地看书，我就在台灯上面罩张报纸偷偷地看，有一次困得睡着了，报纸差点被点着。十三四岁那会儿不懂文言文，但会逼着自己硬着头皮往下啃。

那时要是没理想，我哪有那么大干劲啊！因为心里头那盏灯点亮了，剩下的事我们就都会做了。

万通曾经梳理过万通价值观最核心的东西，得出的结论是"学习"与"学好"。万通人勤于学习，善于学习，冯仑曾风趣地谈到了学习的四个好处：

学习的好处多，我至少看到四个：一、你跑到别人的公司去学习，别人还请你吃饭；二、和对方交了朋友；三、还给别人留下个好学的好印象；四、通过别人的经验，减少犯错误的机会。

2008年的一次演讲中，冯仑曾谈到这样一个观点："通过学习，眼界才会高，看问题的角度才会更准确和超前。"

我们研究了大量的东西，尤其是在民营企业遇到困难的时候。我研究了大量的土匪组织，水浒的组织，太平天国的组织，不断学习找人，想不明白再去国外找人。

最后你通过这样的学习，能超越同时代很多人的眼界，然后能够保证站在未来看今天的事情，站在大人的角度看孩子，站在神的边上看人，最后你就有可能做得比别人超前一点。

冯仑的学习是随时随地的，任何事物都要学习，即使去开会，遇到新事物也要学习。他在杂志《风马牛》里面就谈到了任何时候都需要学习的问题：

上次开董事会我专门去了兰会所开，因为兰会所是北京最时尚的一个商业俱乐部，光装修和装饰就花了3亿元人民币。

这是俏江南的顶级产品，兰会所的设计师本身就在纽约很有名，我在纽约看过他的作品。

我希望我们的董事一定要换一个思维方式，不要提到商用物业就仅仅联想到谭鱼头、良子捏脚、火锅这些，其实商用物业的空间是可以用设计来改变它的价值的。

所以，我选择了让大家来这里开会，来学习和体会，让大家对商用物业的看法有一些改变，开拓思路。

17号（2007年9月17日）马上要开董事会，我要请清华的杜博士给我们讲房地产公司的增长极限是怎样形成的。她做了一个数学模型，当外部融资没有的时候，内部的融资、内部资源可以支撑的增长大概是18%。如果有外部融资，大概能达到30%的增长率。

这些计算非常有意思，所以我已经安排下次董事会请她给大家介绍，跟大家讨论。只有保持我们不停地有新的资讯进来，才能保持我们的决策团队是一个优秀的团队。

与此同时，我个人要保持高度的兴奋状态，就是大量地关注、摄取有用的信息。昨天（9月13日）我又复印了很多东西给大家看，有王德勇讲的上市只是竞争的开始等。

我大量把这些资讯给董事会的人看，让董事会能够在做正确决策的时候有一个方向。

◆冯仑启示：

01 只有学习，才能主宰命运

通用电气公司首席教育官鲍勃·科卡伦说过："在GE，你是来自哈佛大学或是一个不起眼的学校不重要。因为一旦你进入公司，你现在的表现比你过去的经历更重要。如果你从事一项新工作，你做得不是太好，没关系，我们知道你在学习，你能追上来。我们希望人们的表现高于一般期望值，工作得出色。不过期望值不是一成不变的，期望值会随时间而变化。如果你停止学习，一段时间内一直表现平平，期望值因为竞争、因为客户需求、因为技术进步等因素而上升，而你却不再学习，你就可能被淘汰。"

俄国的科学家巴甫洛夫讲述过这样一则寓言：有一位巴格达商人，在路上行走时听到一个神秘的声音附在他耳边说："请你弯下腰去，捡起路边的小石子，明天早上你就会获得快乐。"

这个巴格达商人将信将疑，但还是遵照这个神秘的声音，捡了几颗石子放进口袋里。

第二天早上醒来时，这位巴格达商人打开口袋，拿出第一粒石子，石子马上变成了一颗晶莹剔透的蓝宝石。他惊呆了，接下来的事，更使他目瞪口呆。他掏出其余的石子，出现在眼前的是一堆光芒四射的

做一个追风筝的人
——冯仑的商业理想与感悟

红宝石、蓝宝石、绿宝石……

这位巴格达商人高兴得合不拢嘴,但是马上又懊悔不已,为什么当时自己不多捡几颗呢?

讲完这则寓言,巴甫洛夫告诫自己的学生:"你们现在就是巴格达商人,而石子就是知识,知识的价值你们将来就会明白。你们所学的知识,就是你们的无价财富,你们一定也会懊悔当初学得太少了。"

通过学习获得知识,是个人发展进步的唯一途径,要知道,企业对于员工的期望值是逐渐上升的。如果你停止学习,就像逆水行舟,不进则退,这对个人和事业来说都是坏事。

人是脆弱的,也是懒惰和贪婪的,所以人得找出提升自己的方法。而持续不断的梦想就可以让我们有一个生活的目标,这样就可以让我们勇往直前而无所畏惧。

若干年前,17岁的克林顿目睹了美国总统肯尼迪的风采后,在与肯尼迪总统握手的那一刹那,自己的内心就升起了一个梦想——"我也要成为美国总统"!

正是这个无比美好的追求,使得这个原本出身贫寒的阿肯色州小男孩,通过20年的学习与努力,最终让理想变成了现实。

罗斯福是一个从小身患小儿麻痹症的残疾人,但他却有无比宏大的追求——立志要当美国总统。

就是这样一位身患残疾的普通人,难以想象他付出了多少不同寻常的努力和艰苦的奋斗,正是不断追求的心态让他最终成为美国历史上唯一的一位连任四届的总统。

"世界上最优秀的人才是我们!""我能成为世界上最大、最好的公司的CEO!"这是所有哈佛毕业生的心声。

这些似乎有点自命不凡的话语道出了他们内心对于完美的追求,

也正是这种心态成为哈佛的宝贵财富，并为世界的发展培养出了一批又一批的政治家、科学家和工商管理精英。

除了国外的成功者，在我国，温州人也是其中的佼佼者。他们认为学习没有捷径，更没有止境，没有文化是可怕的，只有不断完善自己，才能立于不败之地。

郭丹，1998年毕业于天津中山涉外金融中专学校，并通过自身的努力获得了天津商学院经济贸易专业的大专学历。然而，这样一个刚走出校门的毕业生却没有选择工作，而是选择另一条路——创业。

郭丹得知，自己的一位同学在天津静海县做起了洗车业。于是她去同学那里做了两次实地考察，最终在2006年筹集了3万元，在天津河西区租了一间不到100平方米的旧厂房，开办了一家名为"久金"的洗车房。

创业，说起来容易做起来难。

资金、经验不足，设备简陋，仅仅凭借从同学那里学到的一点点洗车技术，郭丹的洗车房可谓举步维艰。洗车质量差，顾客不满意，每天只有十几辆的洗车业务，整个店面的经营是入不敷出。

面对这些困难，郭丹并没有退缩，而是将更多的心思放在如何提高技术操作和服务质量上。

看到与同行的差距，郭丹选择了学习。为此，她几乎走遍了河西区所有的洗车房。不仅这样，她多次去其他市区，寻找那些经营得不错的洗车房，虚心求教，想方设法将洗车技术学到手中。同时，她还与同行不断交流，学习他们的先进经验和经营理念。

最终，郭丹使自己的洗车房摆脱了困境，走上了正轨。

不仅这样，郭丹在运用所学到的经验和知识的同时，还融入了自己的理念，从细节着手，提高服务质量。

渐渐地，凭借着良好的口碑、过硬的技术以及优质的服务，郭丹的久金洗车房在市场竞争中有了立足之地。

当郭丹谈起这段经历的时候说道："创业并没有阻碍我学习的热情，反而逼着我去不断地学习新的知识。创业肯吃苦、肯干的确重要，但更重要的是要有目的地跟别人去学习。道理很简单，只有学习才能发现自己的不足，也只有通过学习才能找到一个正确提高自己的方法。如果问我成功的捷径是什么，答案是'学习'。"

任何一个国家，一个民族，一个企业，想要发展，就必须不断学习。学习是成功的一个必要条件。

社会是发展的社会，更是学习的社会，温州人深知这一点，而他们面对学习的时候，也身体力行地进行实践。为此，40%的温州人选择报各种学习班，37%的温州人选择参加沙龙、跟朋友交流经验。

其实，学习更是一种态度。它需要你时时刻刻有发现知识的眼睛，只有善于发现，才会找到更多要学习的知识；只有善于发现，才能让一个企业更加繁荣。只有学习，才能让你博古，更能通今。只有博古通今，你才能在现今的竞争社会里站稳脚跟。

科宝厨具的创始人蔡明就是一个喜欢不断学习、不断完善自己的企业家。他深知只有学习才能改变企业，才能完善企业，才能获得更大的价值。

科宝现在在国内非常出名，但在科宝刚起步的时候，涉及的领域却非常单一，那就是抽油烟机领域。

单一的发展，只会把前进的道路堵死，科宝博洛尼家装家居集团创始人兼CEO蔡明很清楚这一点。为此，他留意顾客的言行和建议。渐渐地，蔡明发现很多顾客在买完抽油烟机后，还会向他们定做几件厨房用具，比如橱柜、吊柜，用来放置一些厨房用品。

在这时，蔡明才开始有意识要向整体厨房方向进军。

刚开始，蔡明对整体厨房用具的了解是非常片面的，他只是想到橱柜就是几个柜子，只要能把抽油烟机、燃气灶之类的用品放进去即可，但事实远远没有这么简单，货不对路，这让蔡明非常头疼。

蔡明想过，如果单做抽油烟机，只能让企业走向一条死路，这样专而不精，明显是在埋下隐患，而如果做整体厨房，自己又不懂。

但身为温州人的他不会向命运低头，温州人的思想要求他不懂就要去学。于是，蔡明十分努力地去学习，他到全国各地制作整体厨房的地方去考察，可收获甚微。

直到有一次，蔡明赶上了去德国科隆的末班车，参加了在当地举办的厨房配件展。那次配件展完完全全改变了他的单一橱柜思想。蔡明彻底地开阔了视野，想想自己做的整体厨房，和科隆相比，简直就是天壤之别。

参加完展会之后，蔡明并没有回国，而是选择去了意大利。他花钱雇了一个意大利司机，并按照司机安排的路线，去参观了十几家生产橱柜的企业。每个厂家生产的橱柜各有不同，古典的、现代的、大众的、前卫的，蔡明把所有流派都看了一遍。

这一看，蔡明就看了20多天。他回到国内后，开始重新整理自己的思路，并且把这些天的见闻汇总融入到自己的理念之中，终于创造出了全新的整体厨房。

2009年，蔡明将具有国际声誉的顶端家具品牌SAVIO引进中国。

2010年，蔡明与意大利顶级设计师里帕里尼合作，首创国际主流精英阶层16种生活方式。

2013年，蔡明在行业内率先推出"橱柜环保标准优于国标3倍"的企业环保标准。

2014年，蔡明获中国十大经济潮流人物奖。

蔡明成功了，从一个只做抽油烟机的小公司，发展到了做整体厨房的大型公司。通过不断地学习，不断地认识，蔡明把学来的东西全都为己所用，逐渐完善，最后，他不仅实现了突破，而且做出了"科宝厨具"这个知名品牌。

做整体厨房是一个漫长的过程，但人的一生其实就是实践、认识、再实践的过程。蔡明通过不断学习，把自己默默无闻的企业带进了一个崭新的境界，这也是温州企业家的一个共性，那就是懂得应该学习什么，应该怎样学习。

人只有通过学习之后才能知道自己的不足，也只有学习才能让一个人从平庸走向伟大，才能让一个人不出门也能知天下事。

学到的知识终究是有用的，也许是现在，也许是在不久的将来。你只有去学，才会让自己知道得越多，才能让自己的企业走得更远。

02 不断地学习、成长

中国有句老话说得好："活到老，学到老。"人要想不断取得进步，就要无止境地学习。对一般人来说是如此，对于创业者来说更是如此。

面对瞬息万变的市场竞争，每个人都必须有一种臻于完美的心态，从不断的学习中为自己的创业打下良好的基础。否则，你就会在激烈的市场竞争中处于劣势，甚至会被市场淘汰。

刘伟在很早以前就看到了手机维修的大好前景，于是他立即投资开了一家手机维修店，成为一个名副其实的老板。然而，只顾着享受老板身份的他，却因为疏于学习而断送了美好的发展前程。

原来，刘伟在给别人打工期间学到了一定的技术，自觉对维修比较在行，看准手机维修这片沃土之后，他就自立门户了。

开店之初，整个商业街上，除了几家卖手机的店外，就刘伟一家做手机维修的，他便怡然自得地开始享受起了这"独食"带来的好生意，因此根本就没去想想自己在技术上是不是还需要学习一下，也好为小店的发展打好坚实的基础。

随着日子一天天地过去，在刘伟的手机维修店小有名气的同时，也有越来越多的人看到了手机维修的商机。于是，在刘伟小店的周围有越来越多的竞争对手出现了，虽然凭着他之前积累的人气和经验，小店并未倒闭，但刘伟却感到肩上的压力越来越重。

商海的竞争永远都是强者占据优势，更先进的技术以及更好的经营思路必然会抢夺到更大的市场份额。

面对竞争对手于江的出现，刘伟无比后悔地说："开始我还能支撑，但于江的出现却将我彻底地推向了失败。他在准备开店前就专门参加了专业的手机维修培训，扎实的技术功底使得单纯依靠经验的我相形见绌，很多在我看来很复杂的状况，他却能轻而易举地修好，并且，他的收费也比我低。最终，我走进了死胡同，不得不关门了。"

刘伟的经历提醒我们，每一个想要取得创业成功的人一定要具备一种臻于完美的心态，既然要做，就要通过充分地学习和不断地学习把自己的基础打扎实。

也许我们能力有限，但俗话说"笨鸟先飞"，只要我们去认真地学习与自己创业有关的一切知识和技术，只要我们愿意付出超出别人的努力，我们就一定能够为自己的创业做好最完善的准备，打响创业的第一枪。

百度总裁李彦宏，年少时曾迷恋戏曲，之后又以高考状元的身份

考入北京大学图书情报专业，当时这个专业也是非常热门的。

可在大二的他觉得如此下去，他的未来将趋向于平淡化，规划自己的未来已变得非常迫切。于是在大三时，他毅然放弃了这个专业，买来托福、GRE等书狂啃，目标是美国，方向锁定在计算机专业。

终于，他成功了。2004年8月5日，他的公司百度登陆纳斯达克，发行价定为27美元/股，此后股价一路上行。

百度2013年年报披露，李彦宏、马东敏夫妇持股数量为714.64万股（占比20.4%），如果按照2014年3月的平均股价计算，其持股市值约为118.15亿美元，折合人民币726.6亿元。

2015年7月29日，彭博社"亿万富翁指数"统计的中国内地富翁排行榜显示，百度创始人李彦宏122亿美元排第4位。

从李彦宏身上，我们可以看到，成功者都是知道自己应该学什么的人，他们知道应该怎样调动自己的学习兴趣和能力。成功者还懂得如何做到学为所用。

"世上无难事，只怕有心人"，追求完美的心态会不断地给我们的事业成功创造机会，让我们在事业上取得令人难以置信的成绩。

无数成功者都用自己的切身经历向我们证明：一个人只有不断地学习、成长、修炼和完善，不断追求卓越，才能不断地进步，不断地超越。因此，在创业的过程中，我们只有永不满足，不断进步，不断地为下一个梦想付出努力，才能够从优秀走向卓越。

红星美凯龙集团董事长车建新只有初中学历。在社会打工3年一无所成后，他想到要学一门技术，就拜师学艺当了木匠。做了一年半，他有了开工厂的想法，于是开始勤学开办工厂需要的各种生产技术；工厂建起来了，车建新并不自满，他对商业很感兴趣，于是他又开始学经营管理，从第一个商场的创办到商场越开越多，最后跨地区做连锁了；为了将企业做大做强，他又学习资本运作……

在一步一步的发展当中学习，在一步一步的学习中发展，车建新有了今天的成就。

2014 年《福布斯》发布"中国 400 富豪榜"，48 岁的车建新以 50.2 亿元人民币的资产排行 306 位。

有很多人曾问车建新，他成功的经验是什么，他的回答是："学习！"通过学习，车建新实现了个人增值，从原先的一个小木匠逐渐成长为一名国内知名的企业家。

车建新酷爱阅读，同时也是"学习型组织"的推崇者，他要求公司的管理人员将三分之一的时间用来学习，另外三分之二的时间用来培训和调研。对普通员工，车建新也要求他们每年至少读五本书。

如果我们也有像车建新那样的学习力，最终也能获得成功。我们可以问问自己，花在学习上的时间到底有多少？一个月读了几本书？参加过几次相关的学习和培训？我们得到了哪些收获？

一个成功的创业者，必然能够认识到学习的价值，也必然懂得只有永不满足，不断地超越自我，才会不断进步，不断成长，最终成就卓越的人生。

比尔·盖茨就是一个永不满足，不断地为自己的下一个梦想而努力的人，他用自己的事业成功经历，向我们真实地演绎了一个从优秀到卓越的过程。

最初，比尔·盖茨设计的软件是 DOS 系统，当时的 DOS 系统曾经被华尔街的专家们评为"生蛋的金鸡"，可见其巨大的价值。

然而，就在 DOS 系统卖得最火的时候，比尔·盖茨却毅然决定把它淘汰掉，这也就促使了革命性的 Windows 的产生，创造了一个比尔·盖茨打败比尔·盖茨，微软淘汰微软的世界奇迹。

后来，微软公司的 Windows 95 操作系统取得了巨大的成功，但比尔·盖茨并没有因此而满足于现状，反而要坚持去发展企业级的 Windows NT 和 Windows 2000 操作系统。因为，他看到了企业级市场的广阔前景和微软在此方面的巨大潜力。

经过了几年的发展之后，微软的企业级操作系统终于在原本被 Unix 统治的市场上取得了前所未有的成功。

试想，如果比尔·盖茨仅仅满足于开个小公司为自己赚点钱的话，那他在 20 岁的时候就已经实现目标了；如果他只是希望自己成为世界上最富有的人，他早在 32 岁的时候同样已经实现梦想了。如果他真的就此止步，我们的电脑世界大概也不会如现今这样丰富多彩。

所以，伟大的创业者，必然是那个永远在追逐下一个梦想的人。他应该是一个永不止步的"追梦人"，在一次次的追梦中，成就了他超越现状，走向更加美好的未来。

华人首富李嘉诚说过："人生重要的不是你所站的位置，而是你所朝的方向。当你能飞的时候就不要放弃飞，当你有梦想的时候就不要放弃梦想。"

03 未来的竞争是学习力的竞争

有专家断言，未来的竞争必将逐渐从知识竞争转向学习能力的竞争，不学习便意味着后退。

现代企业拼的就是学习力，学得快才能干得好，才能不给对手任何超越的机会，不断赶超更加强劲的对手，进而在市场中拥有更大的竞争力。

作为企业，如果没有一种"先发制人"的竞争意识，只知道沉醉在"井水不犯河水"的自我安慰中，那是自欺欺人。在硝烟弥漫的商战中，对手即将兵临城下之时，创业者没有撤退的理由，只能率先接受挑战。

当然，光有竞争意识不行，更重要的是用行动提高自己的竞争力。那行动是什么，就是学习。

世界第一首席执行官——通用公司前 CEO 杰克·韦尔奇说："你可以拒绝学习，但你的对手不会！"如果没有持续学习，企业将不可能获得任何利润。

20 世纪，美国在线是全球最大的互联网公司，在高峰时期它的市值达到 1000 多亿美元。美国在线发展了很多网络接入会员，后来构建自己的门户，卖网络广告，1998 年、1999 年全球网络广告收入最高的公司就是美国在线。

但是，当时的高层在决策中认为，美国在线可以变成一个封闭的社区，在他们看来互联网是一个没有规则的地方，以为普通网民没有必要到美国在线以外见识互联网是什么样，网民只要待在美国在线这个社区就可以了。所以，美国在线被建成一个封闭的网络门户，也逐渐失去了学习和创新的动力。

后来随着消费者越来越熟悉互联网的使用，人们逐渐摆脱了对美国在线的单向依赖，进入了真正的互联网时代。美国在线逐渐没落了，其市值从高峰时期的 1000 亿美元骤降到 2006 年的 200 亿美元，谷歌投资美国在线的时候它的市值缩水了近 80%。

美国在线已经跑得很快了，但在达到市值高峰后，企业不想如何学习、创新，而是把自己禁锢在一个封闭的环境里，所以，美国在线之后的市值大量缩水也是情理之中的事。

1873 年时，一家企业需要花 46 年时间才能占有 25% 的市场，到

1991年，企业只要花7年时间就能占有25%的市场。

在美国加州，在车库或在地下室里成立公司的人，可能几年以后摇身一变就成了亿万富翁。Facebook是一个于2004年才上线的社交服务网站，不到6年市值已经高达500亿美元，超越eBay、雅虎与时代华纳，成为世界第一大互联网公司。

在21世纪，企业间的竞争实质上是企业学习能力的竞争，而竞争唯一的优势是来自比对手更快的学习能力。

钱是圈不住的，客户是圈不住的，在这样一个开放的社会，你放弃了学习、放弃了进步，你的竞争力就会慢慢消退，你很快就会被竞争对手超越。

市场变化是非常迅速的，你要不断学习市场变化，并由此来创新。今天的世界越来越小，变化越来越大，发展需要创新求变，注重科技创新、市场创新和管理创新。

未来的竞争是学习力的竞争，只有比对手学习得快，比对手进步得快，方可立于不败之地，方能拓展自己发展的空间。

"竞争对手所做的每一项决策，都能够使我们获得成长。竞争对手还是企业最好的实验室，因为竞争对手会研究你，而你也会从他们所提出的任何创新点中吸取经验。"马云如是说，向竞争对手学习也是他的成功之道。

从OICQ到QQ，从即时通信软件到门户，从纯娱乐工具到商务办公……马化腾不断开疆辟土，腾讯进入一个又一个新领域，也创造出很多商界"神话"。

马化腾从未停止寻找蓝海的脚步，拷贝就是学习力。而他也并非限于模仿，在学习对手的基础上进行创新也是他的法宝。

聪明的马化腾能意识到学习的重要性。在淘宝网推出"招财进宝"业务时，马化腾看到 C2C 市场的广阔前景，于是推出腾讯拍拍的电子商务业务。2010 年 3 月初上线的美团网是国内第一家团购网站，创立仅仅 4 个月，它已经能够盈亏平衡。2010 年 7 月 9 日，腾讯 QQ 团购网上线。

2003 年在学习韩国游戏对虚拟角色付费造型的基础上，腾讯推出独具特色的 QQ 秀服务，"QQ 秀"等虚拟产品和服务的诞生，为腾讯打开了另一道门。

腾讯又先后推出了 QQ 空间、QQ 宠物等虚拟产品。到 2006 年，这些虚拟物品的销售已经成为腾讯最核心的收入来源。

2015 年 8 月，财经媒体《福布斯》首次公布全球科技界最富有 100 人榜单，腾讯董事长兼首席执行官马化腾全球排名第 11，亚洲排名第 2，其净资产为 161 亿美元。

"提高学习能力，善于学习，持续学习"是腾讯公司一贯强调的企业文化之一，马化腾说："我不盲目创新，最聪明的方法肯定是学习最佳案例，然后再超越。"

因此，这是一个非常有趣的结论：企业的主要工作是学习，其他工作都靠后排。任何一个想要生存下来的企业，都不要拒绝学习。做企业不是比谁动手早，而是比谁活得长。

◆冯仑故事：通过学习，眼界才会高

冯仑是一个非常喜欢读书的人，他从中外成功企业家的传记中得出结论：善于学习是企业家取得成功的一个非常重要的因素。

冯仑的善于学习体现在很多方面，万通挖掘到的第一桶金就是其中之一。

1991年，冯仑在无意间听到广东人总在说"按揭"这个词，他觉得很新鲜，就想知道这个词是什么意思。他不知道别人说的到底是哪两个字，于是就请他们把"按揭"二字写在纸上，回去查字典、向别人请教。

冯仑弄明白"按揭"的意思后，就讲给公司的同事们听，于是公司决定用按揭的方式买一批房，装修之后卖出去。

这是万通做的第一单房地产生意，也是万通掘到的第一桶金。

万通是第一家在海南以按揭形式炒楼的公司。可以说，这单生意正是冯仑善于学习的结果。

冯仑总结万通创业初期的成功经验，在《万通·生活家》2004年第11期中，他写道：

1991年我们在海南时，在一万多家房地产公司中排倒数十几位。和他们相比，我们一没有政府背景，二没有家庭背景，三没有跌个跟头捡块金子的偶然机遇。

为什么后来我们能在复杂环境里一步步走到今天？我们总结，至少有一点：我们善于学习。

冯仑和几个合伙人成立万通时，中国还没有MBA，所以他对公司的组织形态有些茫然。尽管如此，冯仑还是认为可以通过学习掌握必要的知识。

为了能够更好地运作公司，他就让公司人员研究江湖式的组织结构，学习了《上海滩》《水浒》《胡雪岩》等著作。

在冯仑与万通其他五位合伙人撰写的文章《方圆处事，真诚待人》中，也提出要不断学习：

万通需要的不是一两个天才和神人，万通事业的成功一定是所有万通人的成功。因此，所有万通人都应发奋学习，向一切人学习，向一切同业先进甚至竞争对手学习。

中国有句古话叫作"学无止境"，冯仑深刻领悟到了这句话的精髓，所以他总是在不断地学习。

在中国企业家里，冯仑的学历已经算是高的了，但他又在2003年的夏天顺利通过了法学博士论文的答辩，拿到了中国社会科学院研究生院法学系宪法学与行政法学专业的博士学位。

现在有很多公司的CEO，为了混一张文凭，为了获得更好的名声，就去商学院听一些短期的"总裁班"。而冯仑却实实在在花了三年时间才获得这个博士头衔，这也正是他好学精神的体现。

冯仑在接受《财经时报》记者采访时就特别强调了学习的重要性：

其实人和人在肉体上没什么差别，都是100多斤肉，从生物学的角度上说都是一样的。差别是在灵魂上，你的精神世界有多大，你的视野就有多大，你的事业就有多大。

我认为，一个人事业的边界在内心，要想保证你事业的边界不断增长，就必须扩大你心灵的边界，因此，学习是唯一的途径。

我从来没有把万通当成一个小买卖去做，虽然赚到的钱的多少是变化的，从几百几千元到几亿几十亿元，但对于我来说，几十亿元也是一件很小的事情，因为我内心事业的边界早已超过了100个亿，而且我相信再过三五年，超过100个亿应该是能够办到的事情。

不断学习是这个快速变化的年代带来的普遍要求。万通也在按照这个要求去做：向员工提供各种各样的培训，经济方面的、法律方面的，不断地帮助员工通过学习获得进步，获得领先的位置。

冯仑认为，只有通过学习，眼界才会高，看问题的角度才会更准确和超前。

◆ 冯仑启示：

01 领导力来源于学习力

一个企业的成长、壮大会经历量的增加、质的变化等发展过程，只有其领导和领导班子有很强的领导能力，企业才能茁壮成长。企业如同一辆战车，它能安全顺利地前行，完全依靠驾驶人强有力的掌控与驾驭。

作为一名企业领导，往往需要具备多方面的能力。领导所具备的领导力指的不是某个人单独的能力，而是为了企业的使命、发展战略和整体目标，不断往前迈步的一种团队能力。

领导力可分为策略制定的能力，创造一个有吸引力的组织体系的能力，流程控制的能力，项目管理的能力，技术竞争的能力，市场开拓的能力，发展员工的能力等。

有一个采访张瑞敏的报道说：在他十几平方米的小休息屋里，书籍占据了一半以上。张瑞敏同时还兼有一个职务，就是海尔大学的校长。可见，海尔的成长与张瑞敏对学习的重视是分不开的。

1984年12月，在走进那个连门窗都不全的街道小厂时，没有人告诉张瑞敏该怎么做，中国企业管理中几乎没有可以借鉴的经验，一切只有靠摸着石头过河。没有相应的能力，就得着手培养这些能力。张

瑞敏在中国古典哲学与西方现代管理学中寻找入门路径。

名牌战略阶段，海尔借鉴了日本的全面质量管理，实现了管理从无序到体系的跨越；多元化阶段，完善了"日事日毕、日清日高"的OEC管理模式，实现了管理体系的延伸；而国际化阶段的市场链流程再造已经得到改良，实现管理学上颠覆式的创新：主体上，员工由管理的客体变为主体，这是对泰勒科学管理的颠覆；主线上以订单为主线，是对日本年功序列制的颠覆；主旨上推出SBU，是对韦伯层级理论的颠覆……

海尔在管理上的成功，确保了这样一艘大船在残酷的市场竞争中稳健航行，并成为企业管理创新的国际典范，这都与张瑞敏这位船长的领导分不开。

领导力来源于学习力。领导力不是天生的，从张瑞敏接管海尔到后来的成功管理，在于他能够广泛地吸取知识和不断地去向成功人士学习，向世界顶尖的专家学习。通过学习，才能具备辩证的思维和战略思维的能力，这样的领导才能够站得高、看得远。

持续不断的学习才能够引领企业跟上形势，制定与企业相匹配的战略，企业才能够与时俱进，才能够发展壮大。

不会学习就不会领导，会学习的领导在企业中才会有威慑力。如果你是下属，当然也不会理会一个"技不如人"的领导对自己瞎指挥。不会学习的领导缺乏领导气度，根本无法称职地担当好领头羊的责任。

好的领导不仅自己学习，还会督促其他管理人员进行学习，这些管理人员又会督促他的下属学习。久而久之，企业就形成了学习型企业文化。

企业的领导作为企业发展的导向和舵手，直接决定着企业的命运和走向，这就要求领导者在工作中不断地提高自己各方面的能力和素质，尤其是要不断增强自己的核心竞争力。只有做到这一点，才能保证企业在激烈的商业竞争中立于不败之地。

那么，企业领导者的核心竞争力是如何形成的呢？

通过分析、研究许多成功企业家的真实案例，可以发现，领导者要想拥有核心竞争力，重要的是要把握好以下三个方面：

（1）要有自己的经营思想和经营理念

通过仔细地观察和了解，我们会发现，很多企业家，特别是那些非常成功的企业家，他们都很勤奋，并且酷爱学习和善于感悟——注重理论的同时也不忽视实践，真正做到了理论和实践相结合；感悟经营之道的同时也感悟做人的境界，因为做人和做事在工作中是一体两面的关系，无法分割。

例如，张瑞敏不仅对《孙子兵法》《易经》《道德经》等中国传统文化了如指掌，他还经常购买国外最新的管理书籍，以便自己能够了解和掌握世界最新的、最先进的管理动向。

著名企业家柳传志特别喜欢读其他企业家的个人传记，通常他都会结合自己的经历和体会仔细揣摩。每到周末，他都要拿出半天时间整理个人思路。

这些成功的企业家看书的方法和一般人有非常大的不同。

一般人看书就是囫囵吞枣，看过了就完了，可能并不在意自己到底从书中得到了什么东西。但是，企业家看书像是在观察和了解自己，他们总是能从书的字里行间延伸出自己的联想，创造出属于自己的、独特的经营理念和思想。

所以说，领导者要想拥有自己的思想，拥有自己的核心竞争力，首先要有属于自己的独特经营理念。要做到这一点最重要的是广泛读书，勤于学习，懂得吸收他人成功的经验和理念，同时还要能够在别

人的观念基础上创新，从而形成自己独特的思想体系。

（2）要做到思想和实际相结合

有一句话说得好——为企业者，小者逐利，以利蓄势；大者铸势，以势逐利。

作为企业的领导者，要用切合实际的经营思想带领员工提高利润，发展业务，以使企业保持蓬勃旺盛的发展活力。

为了使企业得到发展，GE 在 100 年前在美国成立了第一个研发中心，以提高企业的技术创新能力；后来又在印度成立第二个研发中心；之后又在我国的上海成立第三个研发中心，以支撑其全球化的战略。

同样是为了企业的发展，联想由做 PC 到做网络，后来再做服务；海尔集团由专业化到多元化到国际化；大连万达由单一的区域性住宅地产发展到跨区域住宅开发，进而开始了他们进行全国性商业地产扩张的征程。

为了能够使企业得到发展，企业领导者会对技术创新、人才引进以及管理方法提升有着永无止境的渴求，这种渴求作为企业家经营事业的原动力催生了种种灵感的溪流，并且最终聚成思想的江河。

（3）要懂得传播思想和贯彻理念

形成自己的经营思想和理念之后，企业领导者还要懂得传播和贯彻思想。只有这样，才能使整个企业的经营理念深入到全体员工的脑海里和具体的行动中，思想才会发挥出应有的能量和价值。

总之，企业的领导者是描绘愿景并带领员工达成愿景的人，因此，作为企业领导者，必须富有激情和号召力。他们首先要有足够出众的才华，因为这是产生和传播思想的基本保证。这种能力使他们的企业能够具备核心竞争力，从而得以持续增长，也使他们自己能够不断超越自我的局限，从而带领企业在激烈的社会竞争中保持昂扬的斗志。

02 学习力就是企业的竞争力

红豆集团总裁周海江不止一次地表示过，一个企业发展的后劲如何，取决于这个企业学习力有多强；一个人发展的后劲如何，取决于这个人的学习力有多强。企业要想有更大更好的发展，必须培养员工的学习力，发展一批学习力超强的人才。

广州白云电气集团很重视培训和学习，企业老总认识到，随着科学技术的迅猛发展和全球经济一体化步伐的加快，企业的生命周期正在迅速变化，各行业已经不可能长时间让一两家大企业称雄称霸了。

面临着日益剧烈、不定变化的环境，企业要想生存，其学习的速度必须等于或大于其环境变化的速度，所以企业必须增强学习能力。

他们集团在加强员工培训教育上的做法是，对生产一线员工，公司根据生产经营情况和未来发展前景做出详尽培训计划，推行技术工人等级考核制度，实行优胜劣汰；同时，对各分公司、合资公司班组长以上的管理人员都进行轮训。

每个企业都需要认清当下的形势，如果不想被淘汰就得加强学习，提升自己。学习如逆水行舟，不进则退。

不学习，企业今天的优势也将化为明天的劣势，因为懒惰的兔子也会有被乌龟追上的一天。

一个小男孩在父亲的酒厂看守橡木桶。他每天早上把木桶擦净，然后一排排整齐地摆放好。可是往往一夜之间，风就将摆放整齐的木桶吹得东倒西歪。

小男孩很生气，坐在木桶边想啊想，终于想出一个办法。他从井

里挑来一桶一桶水，把摆放整齐的木桶装满，然后就回家睡觉了。第二天，天刚亮，小男孩就爬起来跑到放木桶的地方去检查那些木桶，结果，一个一个的木桶排列得很整齐，没有一个被风吹倒。

木桶要想不被吹倒，就要增加自己的重量。在市场中，企业不可能避免竞争，要想长久立足，只能改变自己，增加企业自身的分量。只有这样，企业才可以稳稳地立足、发展。

给自己加重的方法就是学习。否则，就像空木桶，风一刮就要倒，经不起风浪。通过不断学习，形成核心竞争力，这就是增加企业的重量。

没有学习，没有竞争力，就不会有企业的发展。一个企业，如果没有竞争力，就会被市场淘汰。不仅仅国家经济是这样，一个行业、一个企业都是如此。

今天的学习力就是企业明天的竞争力，在企业中不仅要丰富学习的内容，创新学习的方法，更要坚持学以致用，理论联系实际，从而把学习力转化为竞争力，确保企业在科学发展的轨道上持续前行。

企业一旦满足于自己已获得的成就，便失去了继续前进的动力，不能再追求更高的目标。而在这个竞争日趋激烈的社会，不前进便意味着后退，就可能被无情地淘汰。一旦停止前进，便会被别人赶超。

企业学习不仅要学习成功企业，更要学习竞争对手。为什么要向竞争对手学习？一个企业之所以能够成为你的竞争对手，其肯定有比你的企业强的地方，或是技术比你先进，或是管理方式比你好，或是经营销售谋略比你有效，这些都是值得你去研究、学习的。

知己知彼，百战不殆。研究竞争对手，与竞争对手做比较，你才能了解竞争对手的成功经验，才能看出自己的不足。

在此基础上，你若能学习竞争对手的成功经验，弥补自己的不足，那么你赶上并超越竞争对手的脚步就向前迈进了一步。

在激烈的市场竞争中，一个聪明的老板一定不会忘记向竞争对手"取经"，因为向竞争对手取经是一个企业战胜对手的有效方法之一。这个方法是被很多老板证明了的屡试不爽的方法。

美国的耐克公司成立时，阿迪达斯是美国运动鞋行业的老大。但是，几年后，耐克却战胜了阿迪达斯。人们总结了耐克成功的关键因素，即模仿、跨领域、品牌经营和技术开道。其实，这四项关键因素中的前三项都是从竞争对手阿迪达斯公司那里"悟"出来的。

这个案例再次启示我们，向竞争对手取经是一个企业快速成长的有效途径，是一个企业战胜竞争对手的秘密武器。

"以竞争对手为榜样，向竞争对手学习，会有事半功倍的效果。"一位老板曾得意扬扬地说："我是做高科技医药产品的，我的竞争对手是广州××公司。开始我公司的产品销售量不如××公司的产品。为了向对手学习，我就订了一批他们的货。收到货时，我发现是通过专门的打包公司运货的，这样，不仅能降低运费，而且速度很快。我立即向对手学习，真的很有成效。"

那么，如何向竞争对手"取经"呢？以下方法会对你有所帮助。

（1）学习竞争对手的管理模式

作为一个企业的管理者，最重要的职责是做好管理。所以，一个管理者应该研究竞争对手的管理模式和技巧，拿对手的管理模式与自己的管理模式对比，看对手的管理模式有哪些优点，看自己的管理模式有哪些不足，进而将对手好的管理模式和技巧拿来为己所用。这样，自己的管理模式就会优于对方。

（2）学习竞争对手的经营谋略

在市场竞争如此激烈的今天，企业的经营战略关系到企业的生死存亡，是企业可持续发展的重要保障。作为一个管理者，你应该时刻关注竞争对手的经营谋略，竞争对手是如何策划企业运作，如何应对可能发生的变化，如何运筹帷幄抢占市场的。你要观察、分析对手的经营谋略，看哪些经营谋略已有成效，或将会有成效，从而向竞争对手学习。

上面这两点是从两个大的方面说明如何向竞争对手学习的。其实，竞争对手有很多值得你学习的地方，包括很多小的细节，这需要细心观察。

03 多读书，不断地汲取知识

"要么学习，要么死亡"是国外一本畅销杂志的封面标题。

学习是从读书开始的。企业管理是对企业内外资源的有效管理，从而使企业赢利的过程。从战略的眼光来看，企业不仅要赢利，还要在激烈的竞争环境下持续发展，这就要求企业必须有自身的发展战略。

对于企业的领导者而言，个人魅力来自两个方面：一方面是一定的知识结构和对所处行业的深刻理解，另一方面是人格魅力。

这些是建立领导者权威和塑造企业领导的基本要素。

随着知识日新月异的发展和企业外部竞争环境的加剧，知识的重要性越来越明显。此外，企业员工知识水平也处于一个不断提高的过程，如果企业家不能改变自身的知识结构，提升自身的思维境界，那么他对领导企业就会感到力不从心。这会造成知识和技能在企业内部无法转化为生产力的严重后果，对企业的发展十分不利。

所以企业的领导人必须多读书，积极学习各方面的知识。

《英才》杂志曾对四位国内知名企业家做过读书方面的访问，这四位企业家分别是正大集团董事长戴志康、戴尔大中华区总裁闵毅达、蓝山中国资本合伙人唐越和科瑞集团董事长郑跃文。

他们从不同的角度阐释了读书的重要性，还一致认为：读书是分阶段的，在生命中的不同阶段，人们需要读的书一定不一样。他们允许一类书陪伴一生，但是不可能出现一辈子只看一种书的情况。

正大集团董事长戴志康说："我看书往往'不求甚解'，就像摄像机，扫一圈留下个印象就行，因为我不是文学爱好者，对华丽的辞藻、精彩的故事不感兴趣，我只是归纳，一本书看完之后只要总结一两句，对我就有价值。

"中国人讲'悟'，并不是读书多就有知识。我的很多感悟不是从哪一本书上得来的，而是综合思考的结果。也许是受这一转变的影响，现在我接触更多的都是些历史、哲学、文化等人文类书籍，我希望能从中更多地感悟社会、感悟人生。

"因为随着人生阶段的不同，眼下我要学的不再是怎么挣钱，而是学习在挣钱的同时怎么花钱。花钱是一门艺术，我并不想等到退休以后再把钱捐给慈善事业，而是希望在目前的企业运作中，尽量体现人文关怀。"

冯仑用来加强自身修养的一个方法就是多读书。他认为，人不能不读书。在《万通》2009年5月号专题文章《公司的"上层建筑"》中，他这样写道：

作为一个董事长，不能不读书，而且读书不能只读一本书，读一本书也不能只读几句话，读了这几句话后，更不能碰到问题就照搬去做。要把书当作营养，而不能当作一种食品。我们在书里是找营养的，不是去找食物的，更不能把它生吞活剥吃下去就完了。要博览群书，然后汲取每一本书里的营养,变成自己的血肉,这样生命力才能旺盛。要慢慢地把书融合在生命当中,把生命当作一本活的书,这样我们的企业才能走得很远。

此外,冯仑还强调要把读书看成是在延续生命。把读书视为生命的一部分,人就会做到无时无刻不读书,每天通过读书滋润身体和心灵,让读书成为维持生命的养料。冯仑还认为,董事长所需要的知识绝不是简单地与书本一一对应的知识。

一个好的董事长应该有很好的历史感,尤其是要了解国内外经济和企业的发展史,通过对历史的观察和对社会体制的把握来判断企业所处的位置。

有些人读书是为了乐趣,有些人读书是为了需要,还有些人读书是为了装点门面,混张文凭。

冯仑读书的动力来自三方面:第一,工作压力太大,需要不停地充电来改变自己的思维方式,提升自己的能力,以便更好地去做事情;第二,好奇,他总是觉得很多事都很让人好奇,正是这种好奇心使他很想仔细地去探个究竟;第三,纯粹的人文偏好。

冯仑做过文人,从那时起他就养成了读书的习惯,这个习惯在他下海经商后仍然很好地保留了下来。

冯仑是一个酷爱读书的人,也是中国读书最多的企业家之一。他有两个业内知名的书房:一个在北京阜成门的万通新世界广场,那里有一屋子古色古香的线装书;另一个在冯仑自己家里,他经常在里面埋头苦读。他读书时,不喜欢被人打扰,甚至连他的孩子都不可以到里面走动。

作为企业的老总,冯仑总是很忙,尽管如此,他也会挤出时间读书。他对记者说过,他一天坐车的时间大概是三个小时,这三个小时除了接电话，就是看书。在飞机上的时间也用来看书。他的书哪里都有，到哪里都可以看。

在2006年6月《经济观察报》发表的文章《学好才会赢》中，冯仑把读书的作用比作"把模糊望远镜擦干净"：

人要通过读书来观察世界，就像你本来有一个望远镜，看东西很模糊，读书就是把它擦干净，看得更远。

如果不读书，我们只能得到报纸或其他载体提供的单一看法，但是通过大量读书就可以校正我们的视角，得到相对丰富的认识。

读书不光可以提高一个人的认知水平，历练心智，从商业的角度看，它也会增加商业机会。知识可以拓宽交流的渠道，可以使交流的对象变得更宽泛。

通过读书学习，冯仑在商务、国际关系、社会政治、历史、文化艺术等诸多领域都有了自己独到的见解，这使得他可以和不同的人进行沟通与交流。人际交流的范围越广，对事业边界的扩大以及人际交往层面的增加等方面的益处也就越大。

比尔·盖茨从小就喜欢阅读，父亲的藏书总是令他爱不释手。不论是人物传记还是地理经济读物，在丰富了盖茨知识的同时，也塑造了他良好的品格，为他日后成就事业打下了坚实的基础。

事业有成之后，他依然热爱读书，在他的别墅里，有一间藏书14万余册的大图书馆，他一直翻看《金融家》杂志来关注世界新闻。

现在他一年休几次假，并赋予假日不同的主题，这样就可以更好地利用假期学习。比如，就在几年前，他去了趟巴西，并把那次假期命名为"物理主题假期"，度假的过程中，他阅读了大量的物理书籍。

他说："即使在科技领域，学习新东西也会带来无穷的乐趣，当我想找出我们在不同时期的转变模式到底会把我们导向何方时，我就会召集专家为我们讲解有关信息。我花两个星期来做'学习周',在那期间,我阅读专家们提供给我的材料,然后用最快的速度把它们组织在一起。"

人生成长的每一个阶段,他都与书相伴,不断提升和充实自己,使自己的事业不断迈上新台阶。终身学习的习惯让他能够始终紧跟科技和时代的发展,从而保证了微软公司能够在激烈的市场竞争中始终保持领先的地位。

比尔·盖茨如此好学,而你呢?是不是低估了读书、学习的作用?

在很多人看来,青岛啤酒的总经理金志国的成功充满传奇色彩。高中毕业后被分配到青啤时,他还只是一个洗酒瓶子的工人。但是有一点他与别人不同,那就是他爱学习。他把别人喝茶、聊天的休息时间都用来学习,而且看书的习惯一直保持着,他看书是为未来做知识储备。这样的学习习惯,使他在技术理论和操作经验上都比同龄人强。

后来,金志国报考了上海的华东电力学院,学了热工的函授课程,继而又考进了电大,学习劳动人事管理专业,以知识武装自己。

当他读完大学回到单位后,他就有了更强的竞争力。由于单位越来越重视知识型干部,他很快就得到了提拔。

联想集团CEO杨元庆有句名言:"我一直跟我同事说,成功的人要有学习精神,这是树的叶子,不断吸收养分,才能变得旺盛。"

一个人要想提高战斗力必须学习,没有文化武装的人是不能战胜竞争对手的。古语云:"不积跬步,无以致千里;不积小流,无以成江海。"

不通过学习积累就想轻易获得很强的战斗力,打开成功的大门是不可能的。

◆冯仑故事：学先进，搞培训

万通犯过与其他民营企业一样的错误，但为什么很多民营企业消失了，而万通却发展得很好呢？这是因为万通改正错误的自觉性和勇气比较高，而这种自觉性和勇气正是来自它的企业文化和价值观："学先进、傍大款、走正道"。

冯仑在《野蛮生长》中写道：

我有一个病根儿，从小就喜欢学先进，在小学、中学、大学都好跟中国最有名的人写信……1993年，万通集团组建之后，我提出一个计划，把中国的好公司列一下，明确自己的学习目标，然后就挨家挨户去拜访。

万通集团从1993年开始就正式制订出"学先进"的计划，在公司20年的发展历程中，万通"学先进"的对象主要有三种类型：一是向房地产行业内的优秀公司学习，先后到万科、金地、华新国际等公司学习过；二是向房地产行业以外的优秀公司学习，比如联想、海尔；三是向国外的优秀公司学习。

万科是万通第一个"学先进"的对象。

从1993年万通逐步成形时，冯仑就把万科当成榜样，后来他还专门写过一篇名为《学习万科好榜样》的文章。他在文章中这样写道：

所谓"学先进"，我认为住宅企业学万科是最稳妥的。而"傍大款"，则根据公司体制决定。你是一个上市公司，大款就是基金。像万科，全世界的钱都是它的大款，不同的企业能傍的大款是不同的。"走正道"就是要根据企业价值观来选择它的正道。

冯仑一直提倡要"学先进"，但那些"先进"的企业到底先进在哪里呢？

先进的企业不仅有一套先进的管理体系，在市场上有核心竞争力，而且还具有"道德溢价"，这使得它们更加具有竞争力。

冯仑在2007年4月12日举行的"首届天津地产年会"中的演讲就谈到了好公司的"道德溢价"问题：

现在市场上给好人溢价的事情越来越多了，资本市场上也已经开始给好人溢价。你到证监会去批东西，万科可能三个月就能批完，金地、万通四五个月能批完，而其他企业的平均时间是7～9个月。

随着时间推移，好公司在市场上发行新股的时候，投资者逐渐愿意给高价。根据国际上的经验，好公司大概溢价都在5%～10%，换句话说，如果做好人、办一家好公司，你的股票会比别人贵5%～10%。

在市场经济中，做一个好人需要付出昂贵的代价，做一个坏人会受到应有的惩罚。

但是做好人会有好的回报，可以使投资者增加对你的信任感。直接投资者的信任可以通过证监会起作用，如今证监会监管的力度在不断加大，专业水平也在不断提高。

在这种形势下，好公司道德溢价的作用就更加明显。

比如融资批准这件事，不同企业在监管部门获得批准的时间长短不同。同其他企业相比，万科获得审批就快得多。这是因为它上市早，在资本市场和证监会信誉度高，有些审核步骤可以省去。

如果一家公司有污点，那么证监会就要甄别，获得审批会延续很久，有的甚至无法通过审批。

随着国内法治化的进步、市场的进步和政府监管的进步，如果一家企业无法向投资者证明自己，会很长时间得不到监管部门的放行，那么它的资金链条就可能断裂，它就会面临破产的境地。

万科就是一家具有"道德溢价"的企业，这也是它能够在国内房地产领域持续领跑的原因。

冯仑不仅学习内地先进的企业，看到台湾的先进企业，也要学习一下。冯仑在企业杂志《风马牛》里面谈到了在宝岛"千里走单骑"，里面谈到捷安特这家企业：

再有一个，是让我受感动的一件事情——国内有那么多家自行车企业，能记住的没有几个，而台湾这么一个小地方，捷安特品牌已经成为自行车行业内世界排名第二的大品牌。

老板60多岁，带头骑车环岛。一家企业只要奋斗，多么不可能的事情都能做到，在台湾能把自行车业做得这么好，很让人钦佩。

我问了带领我们的捷安特工作人员，他们说进这家企业非常不容易。两个男生是技工；两个女生，其中一个是总协调教练，每天出门让我们做操，松筋骨，结束的时候也要做操放松。

这家公司专门请熊美玲写了一首歌叫《踏出一个世界》，出发时放这首歌，休息时也放。这几个人轮流带人环岛，一年环三四次，工作非常辛苦。这是让人感动的一家企业。

还有王品集团，他们的员工来送餐，送饮料，鼓励我们，也令我们很感动。刚才说到文化差异，不知道跟他们说什么，最后我发现，王品这个公司一年净赚亿元人民币，这样一个餐饮企业还天天做培训，公司人就像宗教信徒一样，是一个模子刻出来的。

我了解他们，是因为曾给他们做培训、做讲师。

我发现，台湾在企业管理上有非常多的东西值得我们学习，我打算邀请台湾的管理者来给万通的员工或骨干培训培训。

不断学习是一个快速变化的年代带来的普遍要求。冯仑不仅号召万通"学先进"，还不断向员工提供各种各样的培训，经济方面的、法律方面的，不断地帮助员工通过学习获得进步，获得领先的位置。

"而今迈步从头越"，万通人应当发奋努力学习和研究新情况、新问题、新机会、新套路。

在企业完成青春期过渡、进入成熟期的大背景下，抓纲带目，迅速调整资产结构，提高资产质量，连通国内国际资本市场，改进决策程序，完善企业内部产权结构，加强和推广企业文化，调整区域和行业布局，慎重投资务求力胜，妥善处理与社会各方面的关系，等等。

要完成这一系列艰巨任务，公司所有员工都必须把学习放在首要地位。通过学习，发现新境界，寻找新方法，保持竞争创新活力，才能努力做到步步领先招招制胜。

我们应当始终记住行动口号："学习、学习、再学习。"

◆ 冯仑启示：

01 形成一个学习型组织

创建学习型团队组织理论，是由美国麻省理工学院教授彼得·圣吉首先提出来的。目前，很多组织都提出要做学习型团队，因为企业团队的学习能力直接决定了企业的发展。一支学习能力差的团队在市场竞争中无法立于不败之地，最终会被社会所淘汰。

一个好的团队应该有"军队的执行力、学校的学习力、宗教的信仰力、家庭的亲和力"，这样的团队才能真正无敌于天下。

随着社会化大生产时代的到来，企业分工越来越细，只有全员学习、团队学习，才能保证企业中的每个部门都能达到一致的目标，最终成就一个了不起的企业。

在并购IBM PC之前，联想2004年营业额为29亿美元，2007年发生金融危机之前，营业额达到过169亿美元，杀入世界500强。而利润在4年间从1.4亿美元，增加到4.84亿美元，国际市场份额也从2.3%增长到7.6%。然而2008—2009年，联想巨亏2.67亿美元。

2009年，柳传志自任董事长，将杨元庆推向CEO的位置。杨元庆成立8个人的班子，4个国际人士，4个中国人。联想用了"土办法"，即在每一次会议中，让8人核心团队从务虚开始讨论，然后一步步务实。

2009年11月5日，联想公司公布的截至2009年9月30日的第二财季业绩显示，净利润5300万美元。联想集团主席柳传志对业绩表示满意，并说："这些表现和进步都是执行了预定战略的结果。"

2015年9月23日，第八届中美互联网论坛在西雅图的微软公司总部举行，其间有人对联想公司进行了估值，联想公司市值为96亿美元。

试想，在企业面临危难之时，如果没有强大的学习力，如果没有员工的共同参与，这种力挽狂澜的壮举是很难实现的。

柳传志说过："在我这代人里面，我为什么还能突破？其实有一个学习能力的问题，就是我们国家领导人所提倡的与时俱进。我其实是一个努力想提高学习能力的人，一直在想不断地创新，想领导着企业向高处走。"

成立十多年以来，联想集团一直以稳健的速度成长。目前公司已摆脱了大多数民营企业小作坊式的管理模式，向大集团、正规化、协同作战的现代企业管理模式迈进。

联想的成功原因是多方面的，但不容忽视的一点是，联想具有极富特色的组织学习实践，使得联想能顺应环境的变化，及时调整组织结构、管理方式，从而健康成长。

联想集团拥有以下几种组织学习方式：

（1）从合作中学习

早期，联想从与惠普的合作中学习到了市场运作、渠道建设与管理方法，学到了企业管理经验，对于联想成功地跨越成长中的管理障碍大有裨益。

现在，联想积极开展国际、国内技术合作，与计算机界众多知名公司，如英特尔、微软、惠普、东芝等，保持着良好的合作关系，并从与众多国际大公司的合作中获益匪浅。

在每一次合作中，联想都能做到以我为主，积极消化、吸收国际最先进技术，学习国际性大公司在技术、产品开发、生产管理、组织管理以及市场运作等多方面的管理经验和科学方法，并能创造性地加以运用，带动自身管理水平的不断提高。

（2）向他人学习

除了能从合作伙伴那里学到东西之外，联想还是一个非常有心的"学习者"，善于从竞争对手、本行业或其他行业优秀企业以及顾客等各种途径学习。

置身于商战的潮头，联想领略了太多酸甜苦辣，他们学会了"跳出画面看画"，学会了"照镜子"，懂得了"前车之辙，后车之鉴"的道理。因此，联想不仅经常反思、总结自己的成败得失，而且特别关注别人的成功与失败。

对于别人的失败，联想不是幸灾乐祸，而是从中品味其失败的原委，力求达到"别人摔跟头，我们长见识"的目的。因为别人今天摔的跟头，明天可能也会轮到自己头上。所以，从别人的失败中学习，就像为联想打了"预防针"，提高了公司的免疫力。柳传志说："联想今天能与国外厂商竞争到这种程度，确实反复研究过人家的管理方法。"

联想现在已成为中国计算机世界的"领头羊"，其一举一动都已成为引人注目的焦点，同行业其他公司对于联想来说似乎没有什么值得学习的地方。但联想人并不因此而目空一切，傲气凌人。他们清醒地认识到，虽然联想在中国市场上取得了市场占有率第一的成绩，但总体份额还不高。因此，联想本着海纳百川的宽广胸怀和谦虚好学的态度，积极向同行优秀企业学习，"边打边学"，积累了大量经验。

同时，联想也放远眼光，善于向不同行业的企业学习，例如，联想电脑公司在向著名家电企业海尔集团学习的基础上，提出了"五心服务"的口号，极大地拓宽了服务范围，改善了服务质量，在计算机界刮起了一股"服务热"。

美国兰德公司曾花费20年时间跟踪调查了500家世界大公司，发现其中百年不衰的企业有一个共同的特点，就是他们始终坚持通过学习营造良好的企业文化。是什么造就了世界500强企业中的西门子、惠普、索尼、雀巢、IBM、汇丰等品牌？既不是资本、规模和技术，也不是特定的优秀员工——因为这些因素每天都在变化，而是看不见的企业学习文化造就了它们今天的辉煌。

学习促进团队相互协作和配合，学习型团队永远不满足于现状。企业学习必须坚持全员参与，形成广泛的共识，把"学会学习"的意识变成普遍的意识，把学习的成果应用到实践中去，把学识变成共识。只有这样的企业才会充满凝聚力，在竞争中愈战愈强。

万通从一开始就是靠与别人的合作发展起来的，这种合作发展的方式也使得万通得到了商业伙伴的信赖。这使得万通特别重视向商务合作伙伴学习。冯仑认为选择商务合作伙伴有两条标准，他说：

有两句话特别好地反映了我们当时和现在选择商业伙伴的标准。第一是价值观上要趋同，第二能力上要互补。能力不互补那就不用合作了，价值观不趋同就合作不好。这两句话要贯穿到我们在外部商业伙伴和内部商业伙伴的选择上。

在纽约的中国中心项目，是万通与纽约的合作组织，现在包括与雷曼都形成了友好的合作关系。在纽约这个人均GDP 6万美元的国际化大都市，该怎么做房地产？万通一点经验都没有，但合作伙伴教给万通很多所谓的"美国模式"，万通能够在商业国际化方面领先于国内同行，与合作伙伴的帮助是分不开的。

2003年10月，万通总部的各个部门组织了数十人，前往深圳万科总部学习了两个多月。回来之后每个部门都对学到的知识进行了归纳和总结，之后认真地写了学习心得。

所谓"部门对口学习"就是：万通集团从总部每个部门中抽出两位代表，放到万科总部相同的部门中去，和万科相同部门的人去交流与学习。

学习结束后，万通为了巩固学习效果，有利于以后的提高，特别组织了"总结汇报和研讨交流"。从深圳回来之后，万通要求每个部门总结学习的体会并写出报告，在万通内部进行研讨交流。

冯仑在《万通·生活家》2008年第9期发表的文章中说过：

向外国标杆学习最好的方法就是交流，甚至送人到标杆公司去培训，只有深入到企业内部，我们才能真正地了解对方，最后才是成为商业伙伴。最重要的交流是跟对方中下层的员工建立很多沟通，深入基层才能学得彻底，以后合作起来才能更顺畅。

通过这样的学习，万通逐步把很多先进企业中适合自己的管理方法和管理制度吸收到自己的系统中来，这样就促进了万通不断地发展壮大。一个企业也只有学会学习，才能先发制胜，立于不败之地。

在国外，索尼、苹果、松下等公司的成功与其各自独特的学习文化是分不开的；在国内，海尔可谓以学习型文化取胜的成功典范，用张瑞敏的话说："有生于无，无形的财富可以变成有形的财富。"

学习虽是无形的东西，但在整个企业发展过程中却十分重要，它对于一个企业的成长来说并不是直接的因素，却是最持久的决定因素。一个乐于学习、勤于学习的企业能够广纳时代发展的精华，从而不断有所创新、不断有所发展。

企业要想在发展过程中不断创新、提高竞争能力，首先应激发企业内员工的个人追求和不断学习的热情，从而使之形成一个学习型组织。员工一旦真正地开始学习，企业定会形成良好的文化氛围，整个团体会快速地成长起来，企业的竞争力便会不断增强。

02 学先进，从效仿开始

有无数事例可以说明，事业的成功、人生的辉煌往往就是从全身心地效仿成功者开始的。

不可否认的是，我国的企业现在其实是在全方位地模仿西方优秀企业，而且，这还是一个不可跳跃的阶段。因为实践已经证明，学习与模仿优秀企业，在企业发展过程中未尝不是一件好事，因为通过学习来减少我们摸索规律的成本，模仿就是最好的学习方法之一。

在企业发展进程中，绝大多数战略创新其实很大程度是向别人学习的结果，模仿或创新是一个问题的两面。因为很多后来成功的企业，都曾经或者依然把模仿战略作为一个重要策略。

向首先成功的企业学习，学习人家在成功的道路上都有哪些是反映了现实的规律，哪些是可行的，哪些是不可行的。

种种事实已经告诉我们：模仿战略无疑是任何公司都值得选择的一种竞争手段。

放眼当今世界上的大多数优秀公司，不管是国外的可口可乐、GE，还是中国的联想、海尔、万科，都是通过模仿其他优秀公司提高自身竞争力的典范。比如可口可乐向宝洁学习客户研究，GE向摩托罗拉学习六西格玛，联想几乎是在惠普的模式下长大的，海尔学过索尼的制造，万科也曾经将索尼、新鸿基作为榜样。

对中国企业而言，模仿是很有价值的。说到中国的互联网，几乎都是从模仿开始的，电子商务是模仿eBay和亚马逊的，搜索引擎是模仿Yahoo和Google的，在线广告从按钮、横幅到擎天柱、页中栏、弹出窗口、飘浮、背投式广告都是模仿国外的。

热门技术RSS聚合资讯、Blog个人网志、SNS社会性网络软件、书签共享都引来了一大批模仿者，国内出现了一大堆模仿的网站，有的看起来甚至像是把原有网站汉化一下而已，连页面都是一样的。

模仿ICQ出身的QQ，现在可比ICQ风光多了，QQ当初模仿过泡泡、uc、MSN，现在它们反过头来要模仿QQ。谁更出色，就要向谁学习。或许你不是这个技术的先行者，但你可以做它的追随者，如果你在追随的过程中有更好的办法来与之竞争，你就能超越它，到时那些先行者倒要反过来向当初的追随者学习。

有人问到QQ来消息的时候那"嘀嘀嘀"的声音是怎么来的时候，马化腾说那是以前他的传呼机的声音，因为想到要在网上创立快捷的通信方式，便录了下来，用在以后的QQ上了。

腾讯凭借"山寨"即时通信软件取得了令人惊叹的成功。2010年3月5日，QQ同时在线人数达到1亿。庞大的用户群使得腾讯成为中国最赚钱的互联网公司，公司现金储备达到15亿美元。

因为庞大的用户基础，也使其后来推出的门户网站成为中国流量第一的门户网站；在网游领域，抢占了超过20%的市场份额；电子邮箱流量也已经超越昔日霸主网易，坐上了第一的宝座。

创新和模仿其实没有太多的矛盾。很多创新都是在模仿过程中获得的，许多科学家或工程师需要经过几千次甚至上万次的模仿实验，才能获得创新的结果。而如果在模仿的前提下，继续创新，不会抹杀创新的内涵。

有专家曾经指出："在未来的国际市场，模仿战略将至少是中国企业在未来三到五年内唯一的出路。比如目前的 TCL 模仿索尼或三星，在进行国际化的努力，这种做法成功的可能性就大很多。相反，海尔在国际化上追求'中国特色'，却陷入了进退两难的境地。"

创新，未必就是发明新东西；创新，也未必就是填补空白。作为企业家，应该从上述故事中学习到模仿创新或迁移创新的重要。标杆思维启示我们，向强者学习，向成功者学习，可以大大降低我们学习的成本，使创新的过程少走弯路。

以强者的经验为标杆，并将这种经验模仿、迁移到自己企业的经营管理中，就会大大提升企业的效益。

日本是一个资源匮乏的国家，这种先天不足的资源条件，使得日本人十分重视利用外部的资源，他们通过战略联盟、购买技术专利、聘用留美回国学生和向新兴公司进行产权投资等途径来获取西方先进技术。所以，日本早年的许多产品，正是借助于美国的先进技术而发展起来的。

1952 年，日本索尼公司创始人井深先生听说贝尔实验室研究出一种被称为晶体管的产品，便立即飞往美国进行考察，然后花 2.5 万美元买下了该产品的专利权，并制成了世界上第一台晶体管收音机，从而使这项技术商业化。

模仿他人的资源和能力，就能少走弯路、节省时间，取得事半功倍的效果。许多事情并不是企业都有能力去做，特别是已经成熟的东西，更没有必要再重复去摸索。提倡立足于自己，并不是排斥向他人学习和借助于他人的力量，发展才是硬道理。如果什么都要完全依靠自己从头去做，可能所付出的成本更高，而且差距也会越来越大。

过去，我们一味强调立足于自己而闭关自守，结果浪费了很多的宝贵时间，与发达国家的差距也越来越大。所以，要学会站在巨人的肩膀之上去发展自己，这是一条非常重要的原则和成功经验。

很多人望文生义，一看到"模仿"，就觉得它会抑制、禁锢人的思维创新。实际上，任何创新思维都有一个前期模仿的过程。

通过模仿可以全面改善管理绩效，整合多方面的资源，使企业最终成为变革者、创新者。三星集团的成长历程就是模仿成功的典型。

2006年，三星公司的股票飞涨，每股高达699美元，公司市值首次突破1000亿美元，是日本著名电子巨头索尼公司的两倍多，而索尼公司当前的市值只有410亿美元。三星公司成为亚洲市场市值最高的公司之一，这在韩国也是首次出现。2009年9月，三星电子市值超越英特尔，达到了1102亿美元，比英特尔市值高出了8.6亿美元，成为全球市值最大的半导体制造商。

2011年7月，美国《财富》杂志举行全球500大企业评比，三星电子跻身为全球第22大企业。

作为全球消费电子领域的一匹黑马，三星公司的成长并非一帆风顺。公司刚刚建立时，生产的是仿造产品，而其中许多都是以日本著名电子企业的产品为基础的。

1970年，三星公司还在为日本的三洋公司打工，制造廉价的12英寸黑白电视机。然而到1978年，三星公司便成了世界上最大的黑白电视机制造商。

1979年，它与另外一家日本电子设备制造公司——夏普公司建立了合作关系，并由此开始生产微波炉。1986年，三星公司不但能够向日本出口产品，而且还将产品出口到欧洲和美国。这时候，它已经成为世界上最大的微波炉生产商。

在进行了几年技术模仿后，三星公司意识到进步的唯一途径是从技术的跟随者上升为技术的领导者，而这只有通过在所从事的每个领域内进行创新才可以做到。

于是，三星公司开始强调变革和创新。总裁李健熙甚至亲自向日本、美国公司的工程师就一些技术细节问题虚心求教。

经过30多年的积累，三星公司已经由丑小鸭变成美丽的白天鹅。现在的三星公司不仅是国际一流的跨国公司，而且还成就了"变革之王"的神话。

2015年10月，亚洲富豪家族排行公布，荣登《福布斯》亚洲50大富豪家族排行榜首位的是韩国最大财阀、掌控三星电子的李秉喆，其家族资产达266亿美元，整个集团2014年的收入相当于韩国全年国民生产总值的22%。

三星公司起家靠的是什么？就是模仿，不断地向强者学习，从而使自己成为强者。三星公司通过模仿，将竞争对手的方法、经验内化为企业自身发展的资源，从而用最短的时间超越了竞争对手。

中国现在是世界制造业的中心，但我们掌握的核心技术相对来说还比较少，我们的企业不得不给跨国公司打工。但是企业家们必须意识到，我们的目的绝不是永远做一个追随者，我们要以强者为标杆，是因为我们也将成为强者，成为别人的标杆。

03 搞培训，给脑袋投资胜过给工厂投资

在科学技术迅速发展的今天，一个企业要想在现代社会的竞争中立于不败之地，就必须重视对员工的培训。一个企业是否具有竞争力，

关键就是看在这个企业里的员工是否具有竞争力，是否具有较强的工作能力。

所谓员工培训，就是通过各种形式的培养和训练，促使员工在知识、技能、能力和工作态度等方面得到提升，以保证员工能够按照预期的标准或水平完成工作任务。不断培训员工，提高员工的工作能力，这样才能提高企业的核心竞争力。因此，作为一个管理者，在追求利润的同时，千万不要忘记员工培训。

松下幸之助对员工培养十分重视，他认为：事业在于员工来做，所以非得培训员工不可；员工若不能成长，事业就谈不上成功。

因此，他经常教导员工：当顾客问"松下电器制造什么"时，要回答"先制造人，后制造电器"。

他还曾说："一个天才的企业家总是不失时机地把对职员的培养和训练摆上重要的议事日程。教育是现代经济社会大背景下的'撒手锏'，谁拥有它谁就预示着成功，只有傻瓜或自愿把企业推向悬崖峭壁的人，才会对员工培训置若罔闻。"

今天，在世界上叱咤风云的浙江商人也认为：要培养员工之才，激发员工之才，善用员工之才，爱惜员工之才。把员工智慧用好了，没有办不好的事，没有办不好的企业。

可见，在科学技术快速发展的时代，员工培训具有多么重要的作用和意义。

每个月月底，报喜鸟集团开设的"报喜鸟大学堂"都会迎来复旦大学教授，他们是来给该集团的中高层员工上MBA课程的。

报喜鸟集团从2006年8月成立报喜鸟大学堂，聘请复旦大学管理学院的教授给企业员工做MBA培训。目前有50多名企业中高层员工参加培训，学费全部由公司承担，有些课程还会安排在上海、北京等地，以拓宽员工的视野。修习课程为两年，学习结束后可以拿到复旦大学报喜鸟MBA大学堂结业证书。

企业与高校合作做一次系统的MBA(EMBA)培训，若培训一年（一般约20多天的课程），支付给高校的费用就要五六十万元。

报喜鸟集团董事长吴志泽说：50多个员工参加MBA课程学习，如果能有三五个人学有所成，在某一岗位上独当一面，那就是很大的收获了。

聪明的管理者会不断培训自己的员工，因为这样可以提升员工的工作技能，提升他们的工作效率，增强他们对公司的向心力，从而为公司创造更多的价值。培训员工就是以较少的投入获得较大的回报，管理者何乐而不为呢？

万向集团董事长鲁冠球非常注重对员工的培训，他认为："对企业来说，人是最重要的资本。我们原来用人的观念是用他的'人力'，现在我们用的是'人智'，现在信息社会，你就要凭智慧。社会在发展，时代在发展，企业如何跟上它？就是人力资本要跟上。用人要用人的心，做负责人的要把人的智慧一点一滴发挥出来。要培养员工之才，激发员工之才，善用员工之才，爱惜员工之才。把员工智慧用好了，没有办不好的事，没有办不好的企业。"

为了培训新员工，他常先把员工送到高等院校，委托学校代为培养，之后再让员工进厂工作。另外，为了吸引高等院校应届毕业生到万向集团工作，他创造性地采取了代付培养费的方式。

金轮集团公司总裁陆汉振认识到，工厂的兴旺在于员工，员工的发展在于培养。因此，从办厂开始，他就非常重视对人才进行培养。即使在企业资金极其困难的情况下，他还曾建造了2000多平方米的职工学校，从中国纺织大学和其他高校聘请18位教师来给员工授课，以提高员工的专业素养。

一个个例子证明，员工培训的作用和意义非常重大。所以，作为一个管理者，一定不要忘记员工培训。

阿里巴巴集团总裁马云说："舍得在自己的脑袋上投资，才能换得开阔的眼界和独到的见解。"

资产虽然很重要，但更重要的是人才。没有人才，所有的机器都只是一堆不会动的废铁，只有人才，特别是知识型人才才是企业最重要的资产。所以，不管对于个人还是企业，学习才是最有价值的投资。

少数企业中还流行"培训浪费论"的说法，认为培训是一项昂贵且得不偿失的活动。很多管理者认为企业的目的就是获取利润，花钱搞培训完全没有必要，认为现在高校每年毕业生很多，人才市场供过于求，用人完全可以到市场招聘，投资方没有必要浪费。即使搞培训也不愿意多掏腰包，尽可能地削减培训费用。

其实，这是对培训的最大误解。员工培训是一项高回报的投资。低素质的员工，常常生产效率低下，而且会造成大量浪费。而培训能够提高员工的工作效率和服务水平，从而给企业带来较高的回报。

美国的一项研究资料表明，人本为主的软技术投资，作用于机械设备的硬技术投资后，产出的效益会成倍增加。在同样的设备条件下，增加"人本"投资，可达到投1产8的投入产出比。

成功学大师克里曼·斯通说："全世界所有员工最大的福利就是培训。"这些优秀的企业管理者认为，员工培训可以提高员工的自觉性、积极性、能动性、创造性和企业归属感，来增加企业产出的效益和组织凝聚力，并为企业的长期发展战略培养后备力量，使企业持续受益。优秀的企业管理者已经将员工培训发展为企业解决实际和潜在问题、提升竞争能力、拓展市场份额、制定发展战略的核心工具之一。

江淮汽车对学习的投资可谓不惜血本：

他们首先进行了"硬件"投资，早在1991年企业刚刚扭亏时，即投资300多万元建设了培训中心一期工程。随着效益的好转，又建设了二期、三期工程。现在的培训中心拥有现代化的教学设备、宽敞明亮的教室、配有卫生间的学员宿舍乃至接待学员亲属探亲的标准客房。为进一步完善学习环境，四期工程又在筹建之中。

江淮汽车不仅在"硬件"上舍得投入，"软件"建设也是毫不吝啬，许多师资都来自重点大学。同时，他们还与国内多所高等院校建有合作关系，并建立了自己的研究生工作站。

因为重视学习，江淮汽车多年来保持快速增长，已连续18年年均增长率达41.13%，创造了令业内外高度赞誉的"江汽现象"。

可见，投资学习的收益有多大。

海尔集团的张瑞敏认为：没有培训过的管理队伍是负债，唯有培训过的管理队伍才是企业的资产。学习不是一种消费，而是一种高回报的投入。企业对职工的奖励不再限于单纯的金钱和物质，而是提供学习培训的机会。

美国《财富》杂志指出："未来最成功的公司，将是那些基于学习型组织的公司。"要想在各自的领域里发展成为具有经济规模与影响力的企业，首先就必须争最优。所谓最优，不是指人多，而是指人员素质要高，各企业家在提高自身素质的同时，要把自己带领的一批人都培养成为能干大规模经济的高素质人才。

可以说，没有人员素质的最优，绝不会干到事业上的最大。创建学习型组织就要不吝惜资本，舍得为学习投资，毕竟学习才是最有价值的投资。

第三章　用制度为理想保驾护航

创业者建立起持续创造财富的制度，然后应该淡化自己，用好的机制选拔人，用业绩淘汰人，这个公司就能进步——哪怕关于房地产的事儿一点都不懂，懂这两句话，就能行。

——冯仑语录

当一个民营企业的老板，身边没有一个人对他个人忠诚的时候，这个公司的制度就成为唯一的行为准则，这个公司才真正是一个阳光下的公司。好的公司没有秘密，唯一保险的办法就是按规则办，按法律规章办，无欲则刚。

——冯仑语录

◆冯仑故事：制度是创造财富的机器

在万通2005年的新年献词《决胜未来的力量》一文中，冯仑指出，制度才是创造财富的机器：

200年前，中国的GDP比美国多。200年后，我们的国民财富总量不及全球财富的4%，而美国却拥有全球财富的1/3。

这200年里，我们记住和津津乐道的是伟大的皇帝、企业领导和他们的传奇故事与丰功伟绩，却见不到财富的实际增长。

而在大洋彼岸，人们记住的只是制度，被随意批评甚至嘲讽的是弱智的总统。因此，对于组织的作用，制度肯定是大于企业领导的，国家如此，公司也是如此，短期不一定如此，长期却一定如此。

当一个企业创业过程结束后，企业领导或企业家的作用就不应继续停留在冒险犯难、硬打硬拼上，而应把90%的精力用在制定公司战略和不断完善推进战略实施的制度上。只有坚持不懈和经年累月地磨合，才能逐步建立适合自己企业并且优于竞争对手的一整套公司制度。

不靠人的力量，靠制度的力量，公司才能有真正的进步，冯仑常对万通员工说："不要相信我，要相信制度。"

在《经理职业化的必要性》一文中，冯仑提到制度的重要性时说：

企业的管理一定要按照程序与规则来进行。尤其是民营企业，企业制度不完善，甚至毫无制度可言，创业者靠主观意志引导企业发展，这样就很容易出问题。

我们一直都在讲民主，那什么叫民主？实际上就是否定自己的事实能够按照程序来接受。所以，创业者应该将个人对企业的影响放在程序和制度内，而不是非规范、非制度的一种影响。

冯仑认为，大部分新兴企业普遍存在企业家个人对企业有很大影响的问题。比如说王石，是军人出身，所以万科公司的组织性、纪律性就比较强。冯仑的朋友，一个跳芭蕾舞出身的搞民营企业，他的公司办得就像跳舞一样。

搞艺术的人比较感性，万通则比较理性。冯仑认为：

一个创业者，不把自己放回到制度里，企业就永远是危险的。我是从创业者过来的，创业者的心态是对不激动人心的事不感兴趣，喜欢大起大落。

而管理公司则要有家庭主妇的心态，你每天都要打扫卫生，要看看池子里还有没有没洗干净的碗，桌上还有没有没擦干净的灰，有了这样的心态你才能管理好公司。如果你每天都要激动人心，就会影响企业的稳定发展。

用制度约束人的行为是管理企业的科学方法。这就要求你在办企业的过程中要逐渐习惯于一种新的思考方式，把企业放在一个规范的环境里去发展。

用制度来管理万通之后，冯仑也感到自己越来越闲，有更多的时间去爬山、读书，做各种各样的演讲，出新书，俨然成为另外一个王石。

◆冯仑启示：

01 有了制度，企业就如同磐石

企业家，尤其是那些凭借自己一身本事来创立企业的人，往往会陷入一个管理企业的误区：他们认为自己当初是凭真本领打下的江山，所以只有能力才是让企业稳如磐石的关键。

这类人往往只关注员工的能力或者技术，将制度搁置在一边。

德国奔驰公司自1926年创立之日起，就始终位于世界汽车行列的首要位置。然而，这个辉煌的品牌在一开始创立时期也曾经走过"能力才是企业之根本"的错误路径。当时的奔驰创始人以为只要生产质量优良、高档的汽车就可以持续永恒。

但是在20世纪中期，随着很多汽车品牌的涌现，奔驰的这种"主观思想"已经很难让奔驰立于龙头的位置。

为了改变、求存，奔驰开始注重管理制度上的改革。

奔驰的领导人彻底抛弃了"只有能力才是企业生存根本"的思想，将更多注意力放在了管理制度上，不断让奔驰的制度更加人性化、科学化。最终奔驰车才获得了如今如此高的品质和精神上的荣誉。

2015年9月份，据彭博社报道，奔驰公司市值422亿欧元，其中乘用车市值大约在250亿欧元。

从经济发展史来看，没有哪一个企业是缺少了制度还能长久存活的。自古以来，无论是政治、经济，还是个人的发展，没有制度就不可能稳固。企业的创始人也好，继承人也罢，只有明确这一点，才有可能让企业稳固持久地发展下去。

一个公司或者企业最初成立或许与制度关联并不大，但是一个企业能够持续稳定地发展却和制度分不开。就像成功学大师拿破仑·希尔说的："有了制度，企业就如同磐石一样稳固。"

日本著名电器品牌"东芝"，可谓家喻户晓。是什么让这个老品牌在经历了数次战争和世界格局变化之后还能屹立不倒呢？

如果你试图从东芝公司创始人田中久重身上找寻答案，恐怕很难得到满意的回答。不如将眼光放长远一些，从东芝公司一个多世纪的发展过程中去找答案。

如果你了解了东芝公司的发展过程，你也许会明白，东芝公司之所以能够百年不衰，根本原因在于它的制度。

1875年，年过七旬的田中久重在东京新桥开设了电信设备厂，也就是后来的东芝公司。田中久重去世后，接手东芝公司的负责人十分重视制度。当时东芝公司的高层管理者早已看到未来企业发展需要的根本，那就是制度。

因此，东芝公司的管理者开创了企业权力分工执行管理的模式。最高的决定权还是在高层手中，但是公司高层管理者却不再事事亲为，而是让执行部门去执行一些决策。

同时，他们还将员工的一些工作进行了合理的安排，包括员工的奖罚制度、请假制度、创新制度等。

由于东芝公司长期坚持这种管理模式，并不断改进完善，让制度更加合理和人性化。基于此，东芝公司才有了现在的强大和稳固。

东芝公司的事例充分说明了一个企业如果有一个好的制度来"坐镇",那么这个企业将会稳如磐石。企业持续发展离不开制度的持续更新和改革,只有跟随时代潮流发展,企业才能步步壮大,日日稳固。

很多大型企业之所以能够历经长时间的磨炼,无论换了多少总经理和董事长,都能在经济发展的长河中顺利远航,就是因为有一个好的船帆——制度。

东芝公司从田中久重开始,不知道换了多少位总裁,但是却依然能够稳如磐石般发展,很明显,东芝公司的制度也在与时俱进地改进。

企业管理者对制度规范化往往不够重视。有些管理者看不到长远的发展,或者说没有将眼光着重于制度上,制度往往浮皮潦草,全是表面现象,这样使得企业很难稳固发展。

日本横滨蓝田家纺公司在2009年宣布破产。

根据员工反映,在这家公司成立初期,老板就学习一些大型企业制定了一系列的规矩和制度,后来打印出来,发给员工。

员工接到手里一看,大大小小的制度竟然有几张纸,而且十分啰唆和混乱,仔细看,这些制度也大都是流于形式,对员工工作缺乏实际指导和约束的意义。

后来,员工逐渐忽视了这些"幼稚"的规矩,依然我行我素。可想而知,这家公司倒闭是迟早的事情。

没有规矩不成方圆。如果一个企业没有规范长远的制度,或许能够在某一阶段得到一定发展,但绝对不可能稳如磐石般发展。

没有一个合理规范的制度,就不会有高效的执行能力和生产能力,公司也就不能长久稳定。所以,一个明智的企业管理者必须制定一种适合公司的管理制度,因为这才是让企业稳固发展的基础。

02 制度是企业发展的内在动力

一个企业如果没有优良的制度，就等于无本之木，没有生命力和发展力，只能很快枯萎衰败。如果你是刚刚打下"江山"的企业创始人，那么你可能会说："我的企业完全没有问题。"这是因为，你本身具有很强的魄力和智慧，完全能够通过自己的力量来支撑和管理企业。

但是，你有没有想过你的下一代是否还具有这种能力？

我们也经常听到很多关于企业短暂辉煌随即陨落的故事，究其原因，就是因为企业创始人高估了自己的能力而没有料想到后来人对企业的管理能力不足。虽然你很有能力管理企业，但是却不能看到企业的长远发展。

所以，靠一人的管理支撑的企业是不能持久发展的。因此，要想让企业的后来人继续完好地支撑企业，让企业走上一流的道路，必须制定一套科学合理的制度，这是企业发展的根本动力所在。

无论从哪个方面来讲，制度的创新和合理规划都是企业发展的法宝，也是企业发展的根本和内在动力。

俗话说："打江山容易，守江山难。"如果没有一个可行且有力度的制度，企业就难以走向一流行列。因此，制度才是企业发展的内在动力。

挪威的阿克集团是全球知名的大型集团,这个拥有将近4万名员工,年收入超过500亿欧元的大企业是如何保持高水准、高效率的呢?

经过研究，众多经济学家一致得出阿克集团的高效运营是靠一套一流的管理制度这一结论。也正是因为这套管理制度，才让阿克集团

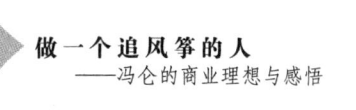

成为一流企业。

有关专家进入阿克集团，进行了详细考察，发现阿克集团的制度不但十分完善，而且还特别规范。

阿克集团在早期的管理制度设计中，有着明显的个人主义色彩，甚至还被称为"专制主义"，即集团内部大小事务都由创始人一人说了算。

这种管理模式带来了很多弊端，后来由于高层个人的能力一代不如一代，所以阿克集团曾经一度陷入管理混乱的泥潭，不能自拔。

面对危机，阿克集团高层决定运用集团式高级管理方式，并且制定一定的科学制度。将权力、执行力分配到各个机构和部门，并采取奖罚分明、分工合理的制度。

同时，集团内部也进一步确立了制度至上的企业文化理念。最终，阿克集团的管理效率大大提高了，集团实现了高速发展。

如今的阿克集团为了进一步促进企业发展，防止管理失去弹性，面对复杂、竞争激烈的市场，阿克集团决定采取更合理的体制，将权力进一步下放，这一举措更是为阿克集团锦上添花，阿克集团因这样健康有序的制度而再次获得了飞速发展。

从世界一流企业阿克集团的案例中，我们足以看出，一套科学合理的制度对企业发展具有多么重大的作用。

可以这样说，制度是企业发展的内在动力。没有规矩，就不能成方圆。所以，要想让企业跨进世界一流企业的行列，必须注重制度的建设与发展。

很多企业都如同上述事例中早期的阿克集团一样，实行一种"专制"的制度。这样的企业可以说不是没有制度，而是有一种特殊的"专制"制度。往往是企业高层说了算，企业内部大大小小的事情也都由高层来定夺。这样一来，企业就很难向前迈进，因为员工对这种制度心知肚明，所有的事情都要由大老板拍板，这样就无法激发员工的工作积极性，从而阻碍企业发展。

美国西凯勒电器在创立初期，其产品在家电市场中也是佼佼者，由于质量和口碑都比较好，所以产品十分热销。也正是因为这样，这家公司迅速地从一个小家电公司成长为一家中型家电企业。

但因为过渡时间太短，所以企业还是停留在过去的管理制度中，高层的管理者对企业大大小小的事务都"专制"起来。虽然名义上也有一些新规章制度，但却没有实际意义。

时间久了，员工不再有积极的工作热情，而公司经理依然一味地沉浸在过去的专制管理中。最终，这家公司被无情地淘汰了。

海尔、联想等大型企业之所以能够成为一流的大企业，就是因为意识到了制度对企业的重要性。所以，要想成为一流的大企业，就必须做好制度建设方面的工作。

一个企业有了制度，内部大小事务也就不再是一个人说了算，制度就将成为评判是非的唯一标准。这样一来，制度就有了现实的重要意义。

而员工也会因此而激发工作热情，向制度看齐。最终，员工能够为企业做出最大努力，从而在根本上推动企业不断向前发展。

为什么世界上的一流大企业那么少，而中小型企业却遍地都是？这与企业的制度建设有很大的关系。徘徊在二流甚至三流企业中的企业，往往看不到大型企业发展的内在动力是什么，他们只是看到一流企业外在的风光和硬件设施。

其实，制度才是一流企业发展的根本动力。

在德国法兰克福有家名为汉斯的广告公司，其创始人德芙琳与丈夫一起经营这家小型广告公司。由于两人分别来自慕尼黑的高等学院，而且还在一些大型企业中担任过重要职位；所以，一开始两人就接到了不少的业务，公司的效益得到了初步的上升。

两人决定要向大型的广告公司迈进。他们以为凭借自己出色的技术就能够跻身大企业行列，但是他们却完全忽视了一个企业最基本的基石——制度。

他们没有为员工想到实际之处，甚至没有在制度方面下大力气，一味地模仿大型企业在技术方面的成就。最终，两人创办的广告公司不但一直停留在最初发展阶段，而且他们至今都不知道自己的不足在哪里。

其实，在现实中有很多人像上述故事中两位企业创始人一样，心中纵然有宏伟蓝图，却不知道实现它的根本是什么。

一个企业的创始人也好，发展中的新生力量也罢，要想让企业跻身一线，就必须重视制度，向制度看齐。

制定一个科学合理的制度才是企业发展的根本。

03 管理的核心就是制度

企业发展和管理是一个艰苦复杂的过程，这就好比在战场上打仗。但有的人却认为取得胜利的核心在于有没有勇士和利器，于是在企业管理中，有些管理者会认为只有实力才是管理的核心。

在20世纪80年代，曾经有一些胆大的从商者迅速发展起来，但是却也很迅速地衰败。如原来是宁波批发商场老板的王总，他曾经在改革开放之后迅速地投资，并且建立了一家大型商场。

但是由于一味地忙于引进一些先进的设备和产品，而忽视了企业管理中的制度，最终以失败收场。

王总最初认为，只要将最先进和优秀的产品引进来，就能让自己的实力占据首位，就能占据市场。但是最终他却失败了，败在了没有顾及制度的管理和约束上。

优秀的员工也因无约束变得懒散，员工态度的转变直接导致生产能力不足，服务态度恶劣，口碑越来越差……最终，拥有最先进设备的王总败在了大浪淘沙中。

随着经济的发展，企业管理竞争也越来越激烈。如今，市场是一个多元化的市场，大家的实力在一定程度上都是旗鼓相当的，此时竞争核心就转移到了制度上。

所以，制度才是企业管理的核心。即使是小事，都要有严格的布局，只有这样，制度的约束才能成为企业管理的有力法宝。

公司管理的核心是什么？不是人才，也不是技术，而是制度。在科学合理的制度的约束下，人才和技术才会如期增长和前进，而公司也才会逐步壮大，跻身一线行列。

海信集团是中国知名的电器企业，然而这样一个大型企业的管理不仅仅是依靠海信集团面向全社会招来的优秀人才，更重要的是来自一种制度的约束。

海信集团的制度，主要的作用在于管理。海信集团一直坚持将管理的核心放在制度上，而不是像其他企业一样将其放在技术和人才上。

有位记者曾经采访过一名海信集团的员工，他曾经是海信电视机制作车间的一名班长。这名员工亲身经历了海信集团那种严格的制度约束。海信集团的管理制度中有这样一条：不允许员工在工作场合抽烟。

这个班长虽然工作各方面都很出色，但却有很大的烟瘾。有了这个规定之后，他只能在上班前，在外面抽几根烟。

一次他发现，二楼楼梯的一个角落比较隐蔽，于是他悄悄来到这个地方抽烟。但是这件事却被细心的上级发现了。第二天，上级就对这个班长进行了以下处罚：免去班长职务、扣除奖金和通报批评。

这个事件发生之后，引起员工的很大反响。与这个班长很要好的同事甚至认为这种制度有些苛刻。但是自从这件事之后，再没一个人在工作期间抽烟。

最后这个受处罚的班长对记者说："虽然我受到了处罚，但是我却没有不服气，因为大企业就必须有这样的约束力。"

看完了这个故事也许一些人会为这个班长感到不平，但是我们从另一方面来看，海信集团的这种制度却十分有效。

正因为有了这样强制的约束力，海信集团才能在各大电器品牌中稳住阵脚，才能成为一线企业。

这也说明，企业管理的核心就应当来自制度的约束。

小的制度不能放松，大的制度也不能放松。

上述事例中只是一个小小的制度约束，但是却足以产生如此大的影响力。可见，作为企业管理者，应当将管理核心放在制度的约束上。管理者不能因为是一件小事就放松制度约束，否则，企业就难以发展。

企业管理者通常认为，企业要想得到好的口碑，就要拿出好的产品和成绩，大家看到了好的产品才会对自己的企业产生信任感。这固然是没错的，但很多企业管理者却过分重视生产线，而不把制度当回事。

在美国洛杉矶的蒂茜妮珠宝设计公司，有众多全美知名的珠宝设计师，但由于公司遇到了产品滞销问题，于是公司领导提出：如果谁设计出了当季最热销的珠宝，谁就成为本公司的首席设计师。

为了这个高薪职位，设计师们开始绞尽脑汁地工作。

然而这样的方式，却严重地刺激了原本的首席设计师。因为在首席设计师的眼中，仅凭某一次的成功设计而成为首席设计师是非常不合理的，这违反了一个设计师应该遵循的基本制度。

该珠宝公司老板却一味地固执己见，最终启用了一个设计助理的作品。后来，这位设计助理完全颠覆了这家公司的设计理念和品位，最终公司不但没有摆脱危机，反而失去了真正的人才。

上述的企业管理者完全是因为不把制度当回事，一味地重视生产上的成绩，最终导致恶果。

因此，管理者必须坚持管理的核心就是制度约束，要通过制定合理的制度来控制生产线，而不能让生产线牵着鼻子走。所以，身为企业管理者，必须懂得制度约束才是管理的核心。

企业管理中的制度固然重要，但是有很多企业却光说不练，没有将制度落到实处。而众多成功企业的真实事迹告诫我们，只有用制度做"鞭绳"，才能更严格地鞭策企业向更好、更强的方向发展。

瑞蚨祥是全国知名的绸布店，如今在全国很多地方都有它的分店。瑞蚨祥的成功在很大程度上来源于它的制度化。

在瑞蚨祥的管理制度中，我们从两个方面来举例说明。

一个是瑞蚨祥对员工的管理制度。由于瑞蚨祥设有很多店面，所以瑞蚨祥十分重视员工的形象问题。

瑞蚨祥有明文规定，员工要以企业利益为重，从企业基础出发，注重个人形象。一个员工的形象就代表了瑞蚨祥整体的形象，这是瑞蚨祥的制度之一。瑞蚨祥规定，不论春夏秋冬，员工一律穿长衫，不

能吃一些带有气味的食物,如大蒜、洋葱等。不能在客户面前嬉皮笑脸,不能吃零食、随便聊天。

另一个就是瑞蚨祥有严格的营业制度,这也是要求员工必须做到的。如顾客来的时候,员工要笑脸相迎,热情问候,在必要的时候还要准备一些茶水来让顾客细品,好让客户用心挑选绸缎;如果客户不满意,员工要心平气和地为其解说和介绍,直到客户满意为止;找给顾客零钱的时候,不能直接交到顾客手中,要将钱放在柜台上,让顾客自己收钱等。

正是因为有了这样一流的制度,瑞蚨祥才出现了一批又一批一流的员工,他们受到了制度的约束和鞭策,产生了巨大的工作动力,不仅为绸布店,也为个人提升了形象和实力。

每个企业都有它独特的管理制度,尤其是像瑞蚨祥这样的老字号企业或者一流企业。

其实,无论什么样的企业和制度,它们都有一个共同点,那就是不会光说不练,真正做到了用制度来做"鞭绳",以此来鞭策企业管理和发展,更鞭策了员工的工作动力,从根本上为企业发展提供了积极的力量。

而很多企业为了向大企业看齐,或者为了更符合国际化标准,也制定了很多制度,但为什么就是看不到成效呢?为什么企业还是处在二流、三流的位置上呢?

其实答案很简单,就是因为光说不练,制度没有真正对员工起到鞭策的作用。

◆冯仑故事：建立制度，制定服务章程

冯仑在万通某一年的新年献词《我们走在大路上》中说到了制度的重要性：

在民营企业内部同样有一个体制孰优孰劣的问题，竞争的胜败往往不在于行业和项目，归根结底是人才和体制的较量……我们要想有赚不完的钱，与其临渊羡鱼，不如退而结网，下大力气制造一个会永远不停赚钱的机器。

很多企业都会犯这样的错误，它们认识到了企业制度的重要性，但却没有采取相应的措施来促进企业的发展。

但冯仑不同，他深刻认识到企业制度的重要性，并根据万通的实际情况，制定了一系列措施。冯仑要把万通做成一个按程序办事，即使公司董事长和总裁离开了公司，公司仍能按部就班地有效运转的企业，也就是"会永远不停赚钱的机器"。

2005年1月21日，冯仑在武汉东湖论坛做演讲时说：

经过一段时间的琢磨，我发现一个现象：只有制度可以创造财富，企业领导不创造财富。

大概在2004年国庆前后，我和王石还有远大的张总（张跃，远大空调董事长）一起到朝鲜待了一周，回来后，我在北京待了一周，随后又去纽约待了一周。这三周让我看到，制度与制度的差距在200年

以上。

冯仑认为企业管理者应该将个人对企业的影响放在程序和制度之内,而不是产生一种非规范、非制度的影响。

冯仑在接受专访时这样说道:

我们今年董事会一项重要的工作,就是将我和另外几家公司的主要负责人装到制度里去,公司今后每年会对我们个人进行单独审计。我希望把万通做成"美国式的公司"。

所谓"美国式",就是在公司日常运作当中程序第一、规则第一,所有的人都在制度中,而制度的建立是以群体意志、以股东意志来设计的。

从冯仑的言行中可以看出,他一直强调要按照程序与规则来进行企业管理。如果一家企业的制度不完善,甚至对制度置之不理,创业者只是凭借主观意志引导企业发展,那么这家企业就很容易出问题。

冯仑2008年1月7日在搜狐博客中写道:

重要的事是建立制度,制定服务章程。管理自己,就是做重要的事,也就是管理自己的事。紧急的事,通常都是管理别人或代替别人管理的事。学会管理自己,就会变得很从容,因为把重要的事(公司战略、员工培训、制度建设)都做好了,剩下的事员工自己就能处理了。

◆冯仑启示：

01 让制度更加完善

企业制度体系很广泛，它包括法律政策、行为规范、工作流程、管理制度等等。企业制度是在一定条件下形成的，它的存在与企业经济息息相关。对现代企业来说，建立企业制度是企业改革的核心，企业的制度比天大。

柳传志认为，现代企业化制度就是以公司制度为主题的市场经济体制，现代企业制度的关键在于"制度"，企业最大的创新也在于"制度"。

有一种现象就是，企业越大，那么制度就越多，越完善。

阿里巴巴是马云创立的，短短十几年的时间，阿里巴巴的发展让人惊叹。阿里巴巴的员工达到了数万人，每个职工的年龄都在25岁左右，每一个人都拥有一个"花名"，比如武侠小说中的人物，这些人物名字都会被安在员工的名片和桌牌上。

在阿里巴巴的内部，马云推崇"武侠"文化，自称是"风清扬"，而员工们也用武侠里面的人物相互称呼。武侠文化的背后，其实显示出了企业制度。"六脉神剑"被马云称为"客户第一、拥抱变化、团队合作、激情、诚信、敬业"。

马云的这种武侠文化，为企业制度的发展奠定了基础。

还有一个现象，在淘宝上有一批很有实力的店商，每个月的推广费达到了几百万元，但是能够登上淘宝首页的只有几个而已。于是，这些企业就对阿里巴巴负责相关业务的年轻人进行诱惑。

暴富的淘宝"小二"被认为是阿里巴巴制度上的缺失造成的，马云发现，他打造了一个大的平台，相对很多的责任都落在了自己的身上。所以，没有好的企业制度是不行的，完善企业制度才能维持企业的生命力。

淘宝内部有一位高管，在他看来，阿里巴巴内部出现腐败的原因主要是因为互联网这个行业本身就相当浮躁。

互联网是个人员流动性高，利益较重的行业。所以，想要改变这些低俗的存在，只能靠企业制度去约束、管制。

阿里巴巴工作人员的待遇不能算高，就比如淘宝内的"小二"，拿着自己的工资，加上年底的奖金，也比不上商家抛出的诱惑。

一位公司内部人士表示："在缺乏完善制度监管的情况下，谁能控制得住欲望？"

所以，阿里巴巴对建立反腐制度下了大功夫，还和各政府部门，特别是司法部门进行合作，加强管理，提高企业公关的素质。

以聚划算为例，牵涉到腐败事件的电话、邮件举报量、投诉量已经大幅下降了近90%。如果没有对价值观的坚守，或许阿里巴巴就不会有勇气出台如此之多的制度性反腐措施。

从马云的例子中，我们看到了企业制度带来的益处，它是一个企业维持生命力的根本，也是大于一切的存在。

建立适合自己企业并且优于竞争对手的一整套公司制度，并不是一件容易的事情，只有坚持不懈和经年累月地磨合才能够做到。真正挑战一个企业家的能力的，既不是研发，也不是销售，而是拥有创造制度的能力。

只有做好这件事，企业才能够自由进退和自如地驾驭企业的未来。

所以，企业除了注重文化的塑造，还必须建立完备的企业管理制度。

想要让一个企业成为时代发展中的强者，还应当让企业制度做到与时俱进，只有这样，才能让制度更加完善。

著名运动品牌彪马，由鲁道夫·达斯乐在1948年创办于德国。彪马英文为PUMA，意为美洲狮，主要产品是运动服装和运动鞋。彪马曾多次赞助著名足球俱乐部，并且成为世界范围内第一线具有号召力的运动品牌。

然而这个最初只生产运动鞋的德国小鞋厂，走过了将近70年发展成为如今的世界知名品牌，它的背后有一条不为人知的艰辛道路。

其实彪马的管理制度也经历了很多艰辛的改变。例如，在一开始，制鞋厂有这样一条规定：车间员工如果迟迟不能交货，那么公司就会按照统一方式来征收违约金。但是厂长发现制造过程中会遇到一些事故、处理时间的延长等。而遇到这些情况，工人当然就不能按时交货。如果还要坚持这样的制度，那么无疑是自毁前程。

于是，负责人从鞋子制造出来到交货日期出发，经过了一系列周密的思考，包括：各生产部门工作的及时性，会遇到的一些问题，外部环境影响，主管者的工程管理措施等，在考察完这些流程之后，他制定出了一项与时俱进且合乎情理的制度。

新制度为：车间员工在一个月内不能交货的，可以在接下来的两个月之内补上任务量，如果依然没有按时交货，那么将扣除相关违约金；因管理者不当或者失误，而造成工作错误，那么将惩罚相关管理

人员,普通员工不予追究。

最终,新制度的制定,不但没有让员工觉得负责人朝令夕改,反而更加尊重工厂负责人,员工的工作积极性也大大提高了。

从彪马冰山一角的管理中,我们足以看出它能够在世界上扬名的原因。这主要缘于他们能够在制定规章制度的时候做到与时俱进。

02 制定出合理的制度

众所周知,那些大型企业,如微软、谷歌、苹果等公司在制定制度时,往往都是通过对员工的一些考察、了解来制定合适的制度。

因为这些管理者明白,唯有这样,企业的制度才能深入员工的内心,才能让他们更好地工作,从而提高企业的整体效率。

但却有很多企业管理者在教育和企业管理的道理上大同小异,而在制定制度的时候,并没有深入调查和讨论,而是任凭自己想象,那么,最终拟订的制度草案犹如纸上谈兵。

瀚海集团的总经理最近正在准备拟订新奖金制度方案。他之所以要重新制定一种奖金制度,是因为旧的奖金制度是几年前制定的,而现在员工薪金都在上涨,因此,他决定要重新增加大家的奖金。

这固然是件好事。但是,这位经理并没有深入调查,也没有和一些工作人员讨论研究,而是根据自己的想象,在原先的基础上仅仅给员工增加了不到10%的提升。

这种奖金制度一经确定,全体员工都十分失望,他们当中有些员工了解到其他的同行公司的奖金是他们的两倍后,都纷纷跳槽了。

企业管理者在制定一项新制度的时候,首先要"走出去"。所谓"走出去"，就是要去同行公司和企业进行考察，尤其是比自己优秀的大公司，只有这样才能了解同行的发展和管理制度，这样才能抱着学习的态度进行改变。

其次就是"走进来"。所谓"走进来"，就是要走入员工中间去，尤其是走入基层员工中间，深入了解他们的工作情况和薪金待遇，与他们讨论和研究新制度。

只有这两者相结合，才能制定出合理的制度，这也是企业管理者制定制度的必要流程之一。

管理一家公司，需要的不仅仅是制定出合理的制度，更重要的是要让制度突出重点。只有层次分明的制度，才能让员工的工作更加有针对性，才能在整体上提高企业效率。

在曼哈顿，有一家服装设计公司。由于该公司主要设计一些高级女装和礼服等，所以，该公司的老板安娜制定了这样一项制度：员工上班的第一件事就是拿出一个小时来阅读关于时尚资讯的报纸和杂志。只有完成这项工作之后，才能开始一天的其他工作。

而且，在这段时间内，员工如果没有按照制度来完成这件事，那么将会被公司记过，接受批评，甚至还会受到罚款等处罚。

一开始，员工认为公司高层这样规定也有一定的好处，毕竟他们是时装设计公司，需要了解一些大牌时装的走秀、时尚发布等信息，这样才能设计出更有创意且流行的款式。

但是，随着长时间的施行，该制度完全影响了员工工作，员工开始感到不满。因为，员工认为这种制度太过绝对，而且有些强制性。许多人习惯在网络上了解信息，还有人需要通过音乐、运动、外出等方式来激发创作灵感。

而每天早上一个小时的看杂志制度，不但浪费时间，还会耽误重要工作。

后来，安娜了解到这项制度实行起来有些困难，于是干脆设立了一个监督小组来监督员工们看杂志的情况。而华尔街有关评估专家认为，这家公司如果还继续这样坚持下去，会逐渐本末倒置，失去在时尚界的地位。

通过对上述案例的了解，我们可以分析出这家公司的制度其实根本没有突出重点，反倒是将辅助性的东西突出来了，因此，难免会造成员工抱怨和工作效率的下降等问题。

其实，该老板特地为此单独制定这种让员工头疼的制度实在是一种无聊之举。

设想一下，如果你是该公司的设计师，你会怎么想呢？设计时装款式的确需要从杂志等方面寻找灵感，但是这属于设计师工作分内的事，甚至可以说，不是正常工作时间内需要做的。而该公司却将看杂志的这一小小部分当成了重点来抓，甚至还为此设立专门的监督机构，这实在有些舍本逐末。

每个员工的工作任务和内容都不同，如果强求每个员工都看一个小时的杂志，从某种程度来说，是有些浪费时间。

现实生活中，也会遇到类似的企业管理者，也许他的管理正在走向这样的道路。那么如果有这种情况出现，管理者是否应该好好思考一下，制定制度的时候要突出重点，层次分明。

在泰国有一位农场主，他是泰国王室的亲戚，因此人们称他为爵爷。这位年轻的爵爷不愿意从政，更不愿意过那种骄奢华贵的生活，于是他来到乡下经营农场。他是一位非常勤劳且有智慧的爵爷，所以在他的管理下，农场发展得越来越好。

有一次，爵爷请了一批工人来割草。他当时给工人的薪酬是按照每天的固定酬金来计算的。几天过去之后，爵爷发现，工人割草的进度十分缓慢。于是，爵爷亲自去调查，他发现，这些工人每天平均割草面积仅3000平方米，原因在于这些工人有些偷懒。

照这个速度下去，在既定时间内是难以完成割草任务的，于是，爵爷召集了所有工人一起来讨论新制度的拟订。

最终经过大家一致表决，制定了新制度：按照每天割草面积来核算绩效发酬金。

过了一段时间，爵爷再次到现场勘查发现，工人割草的积极性得到了大大提高。工人发现多劳多得之后，都拼命干活，大家都想要多挣一些酬金。爵爷发现，新制度实施之后，工人每天的割草面积是5000～6000平方米，这大大提高了效率，而且割草任务也如期完成了。

后来这位爵爷发现该制度十分有利于激发工人们的积极性，于是他与财务部的经理一起重新制定了一种新制度：按照工作完成量来计酬。这样一来，全农场工人的积极性都得到了很大提高。

从这位爵爷身上，我们发现，想要制定一个合理且科学的制度，首先就要深入调查和讨论。只有调查讨论，才能确切地明白员工的工作环境和工作心态。

我们从故事中看到，农场没有严格的监督机构，但是爵爷却非常明智地做出了创新性的制度修改，而这个决定解决了所有的问题。

所以，企业管理者们要注意，想要调动员工的积极性，首先就要思考一下企业的制度是否合理，其次就是要了解自己是否掌握制度的制定流程和基本原则。

如果一个企业经理不经过实地考察和调查讨论，他是不可能制定出科学合理的制度的。如战国时期的赵括，尽管文韬武略，读书万册，但是却不懂得实际操作，也从未去军营中考察过，所以他根本就是纸上谈兵，不可能激发将士们的积极性，更不可能打胜仗。

这也提醒了所有企业管理者，当企业内部出现问题，需要重新修改制度的时候，必须切身调查问题、研究问题，根据问题进行深入讨论。只有这样，企业管理者才能制定出有针对性的制度，从而让问题迎刃而解。

03 勿让制度与法律法规相撞

一个企业要想得到更好的发展，需要的不仅仅是将企业的利益放在首位，更重要的是将员工的利益放在首位。

马云曾经说过："企业最重要的是人才，没有了人才，企业就是一个空壳子。"但是，很多企业管理者却一味以自己为重，不重视员工利益，经常私自更改制度，在他们心里似乎以为"员工离了这份工作就不能活"，所以，最终触犯了法律法规。

许多公司的规定十分含糊，甚至违反了法律法规。

有这样一家服装公司，由于订单业务十分繁忙，所以员工几乎每天都要加班工作。公司制度规定：员工每天早上8点上班，下午6点下班，中午只休息一个小时。如此一来，员工每天的上班时间就是9小时，而且时常要加班，这就严重违反了《劳动法》的规定。

企业管理者在制定制度的同时，一定要谨记：切勿让公司制度与法律法规相撞。要优先以法律为准，在法律允许的范围内，制定合理的制度。这是每个管理者必须明白的流程和原则。

2007年，西安发生了这样一起典型的因为公司制度而引发的法律纠纷案件。事情是这样的：刘女士被一家广告设计公司解雇了，原因是刘女士向其他公司泄露了原公司内部的重要商业机密。

但是,这位刘女士却到劳动仲裁去告原公司,要求原公司赔偿并且支付自己在公司工作期间的年休福利金,约1万元。

刘女士是2004年和公司签订的劳动合同,当时在劳动合约上清楚地写着:公司每年年假是20天,当年没有休完的,可以累积到下一年,如果员工离职,将按照相应规定来支付员工累积的补偿金。

刘女士在公司将近3年,她也承认自己的确是泄露了公司机密。但是她被公司解雇的那一天,她一共累积了假期30天。按照规定,公司应该补发给刘女士这30天的补偿金。

但是,该公司却并不愿意执行这一条例。原因是,公司在2006年,曾经出台了一项新的制度《公司职员带薪年假制度条例》,条例中规定:"年假没有休完的,不能积累到第二年。而且员工一旦泄露公司机密,将属于严重违反公司利益情节,此时不予发放相应的福利待遇,此外,公司一旦发现泄密者,应立即与之解除合约。"该公司经理还强调,这项条例制度是经过公司全体成员的一致赞同而成立的。

然而,劳动仲裁却支持了刘女士的起诉,依法要求广告公司赔偿刘女士1万元的年假补偿金。

看完了这个案例,相信大多数人还不明白,为什么劳动仲裁会支持泄露公司机密的刘女士,难道该公司的制度没有约束力吗?

其实,这个案例的重点不在于该公司的制度有没有约束力,也不在于刘女士是否真的泄密,而是在于,当企业的规章制度与劳动合同或者法律发生冲突,两者相互"撞车"的时候,究竟该是哪个给哪个让路?劳动仲裁应该根据哪个为标准?

这就牵扯了法律问题,而且这对管理者也是一个很大的考验。

企业管理者必须懂得,法律法规与自己企业制定的制度之间要有

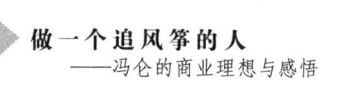

一个过渡与和谐区。

众所周知，企业制度必须与法律法规相辅相成，但是仍然有很多企业管理者没有注意到这一点，或者忽视了法律，进而发生了与法律相冲突的现象。

如上述案例中的广告公司，该公司的管理者就忽视了这样一点——根据《最高人民法院关于审理劳动争议案件适用法律若干问题的解释》中的第16条规定："用人企业制定的内部制度与劳动合同合约内容不一致，劳动者请求优先适用于合同约定的情况，人民法院应当予以大力支持。"

这个案例充分说明了企业制度与法律法规相矛盾的时候，应当优先以法律法规为基准。这主要是为了更为有力地保护劳动合同中弱者（劳动者）的权益，同时也是防止企业管理者滥用自己的公司职权来主动单方面修改合约和制度。

在上述案例中，管理者私自将公司休假制度修改了，尽管得到了员工的支持，但却违反了《劳动法》，因此，案例中刘女士最终得到了劳动仲裁的支持。

企业规章制度作为一种"企业内部法"，对其员工会产生约束力，因此它的建立必须符合一定的法律原则：

（1）合法原则

所谓合法，包括内容合法和程序合法。《劳动法》第89条规定："用人单位制定的劳动规章制度违反法律、法规规定的，由劳动行政部门给予警告，责令改正；对劳动者造成损害的，应承担赔偿责任。"因此，内容合法就是要求企业内部规章制度不能违背《劳动法》确立的基本原则。当然，也不能违背其他法律、法规和规章的规定。企业劳动规章的内容就更不能超越法律、法规规定的范围，只能在规定的范围内。

程序合法指企业内部规章制度的制定必须符合法律规定的程序。

企业中的职代会或职工大会是职工对企业参与民主管理的有效形式，因此，企业内部规章制度必须经过职代会或职工大会及法律规定的其他民主程序制定。新建企业制定的劳动规章要及时到劳动行政部门备案。

（2）不违反劳动合同和集体合同原则

劳动合同是劳动者与用人单位就劳动权利义务达成的协议，如果不违反法律、法规，已成立的劳动合同具有法律约束力。

企业内部规章制度是用人单位单方面制定的，单位不能通过规章制度单方面变更劳动合同的设定，即使企业内部规章制度由职代会通过，如果与劳动合同冲突，或增加劳动者的义务，除非劳动者认可，否则无效。

因此，如果劳动合同签订在先而企业内部规章制度制定在后的话，后制定的企业内部规章制度就不得违反劳动合同和集体合同的约定。

（3）公示原则

公示原则是现代法律法规以及规章制度生效的一个要件，企业内部的规章制度是适用一定的对象并对适用对象具有约束力的文件。未经公示的企业内部规章制度，职工无所适从，因而对职工不具有约束力。因此企业内部规章制度必须公示。

◆冯仑故事：建立制度不难，难在坚持执行制度

冯仑有一段话很好地总结了制度的力量：

用制度崇拜取代企业领导崇拜和老板崇拜，这是决胜未来的重要力量。

而这个力量将会使你进入一个自由状态，也就是说你可以凌驾于所有繁杂事务之上，在一个超脱的地方和前瞻的地方看你的公司。

然后呢？

你选择制度、你制定方向、你选拔人、创造价值观，最后制度、人、价值观、战略方向合在一起帮你去赚钱。

这样，最后才能达到"离钱近，离事远，离是非更远"的境界。

以后，就只有钱跟你有关系，别的事都离你很远，就能够保证你在管理整个公司，让公司按照一个战略方向走，所有的人都是协同的一个目的。

这个最典型的就是部队，高度制度化、组织化，才能完成一些对抗性的、突击性的任务，这样的话才能够很好地达成战略目标和完成一些特别的任务。

……

必须清楚，企业领导不创造财富，是制度创造财富。公司要在制度完善和成败上下功夫，而不是在个人能力上下功夫。

我现在开始不断地强化如何把制度完善，如何把程序和制度尽可能地设计好，保证"程序正义"，保证让人做好人。

冯仑把制度看成是创造财富的工作，他认为，企业领导不创造财富，财富创造的过程是由良好的制度安排决定的。

冯仑认为，制度很简单，就是把大量经常发生的事情采用标准化的一个行为模式，他说：

制度就是把大量问题标准化，个别问题那是例外。

比如，我们不能把谈恋爱这件事制度化管理，但可以把生孩子这件事，制度化安排在医院里。

因为谈恋爱这个过程，有时候不是太能够用标准化控制的，但生孩子到医院，这件事可以标准化。所以中国没有谈恋爱的制度，有生孩子的制度。

只要我们这件事是一个可以重复的行为，作为老板一定想着把它标准化，标准化以后再管理这件事情就非常省事，就不用老板管了。

就像在白宫不发工资的时候，航空母舰还在走。因为每个行为都是可以重复的，它都有制度管，不用你总统管，总统在是这样，不在也是这样。

这种制度的力量，在于把人的行为纳入标准化的一个行为模式，然后让人对制度产生崇拜，最后制度管人，你创造制度。

在冯仑看来，建立制度不难，难在坚持执行制度。

建立制度其实并不难，就是把大量经常发生的事情用标准化的行为模式进行管理，然后用来训练员工，让他们放弃个人立场，对制度负责。

如果是大量发生的、经常的行为，就要把它按照一种取向进行标准化，然后用这个标准化的行为去训练员工，让他们对制度产生崇拜。

管理者作为制度的建立者,也应该自觉地去遵守。他们能够起到榜样的作用,如果管理者严格遵守制度,那么企业的员工也会慢慢地遵守。

相反,如果建立制度的管理者自身凌驾于制度之上,那么员工就会对制度置之不理。

所以说,只有管理者不断地提升自己,让自己进步,员工们才会跟着进步。

正如冯仑所说,用制度崇拜替代企业领导崇拜或老板崇拜,也就体现了这个道理。制度、标准等同于管理,有了制度和标准,就会节省企业的成本,企业就会获得更大的效益。

◆冯仑启示：

01 用制度确保执行，用宣传升华执行

很多员工，当领导在的时候，就装模作样，表现卖力，而等领导一走，顿时就炸开了锅。如果这时领导者马上出现，场景是不是会很尴尬？面对这种情况，除了提高员工的自觉性之外，更重要的是要制定一套切实可行的制度来规范这种行为。

只有科学合理的制度，才能更加有效地管理员工。

肯德基是全球著名的快餐业巨头，它的子公司分布全球60多个国家和地区，分店则有几千家。

然而，这么多的子公司以及分店如何来管理呢？肯德基国际公司在万里之外，又怎么能相信他的下属能兢兢业业地工作呢？

有一次，上海肯德基有限公司收到了美国肯德基公司总部寄来的三份鉴定书，上面对他们外滩快餐店的工作质量分别做出了三次鉴定评分。这次评分有理有据，令公司中外方经理都为之瞠目结舌。

这三个分数是怎么评定的呢？

原来，肯德基总部公司雇用、培训了一批人，让他们佯装顾客潜入店内进行检查评分，然后向总部做出报告。这些"特殊顾客"来去无踪，这就使快餐厅经理、雇员时刻感到某种压力，丝毫不敢懈怠。

制度是领导活动得以进行的载体。它主要包含两方面的内容：一是领导机构的设置，领导权责的划分，领导关系的确定，领导者的任用等。这可以说是制度的硬件部分，通常被称为体制。二是活动的程序和规则，如某一重大决策需要经过哪些机构的通过，按照什么原则通过等。这可以说是制度中的软件部分，通常被称为工作方法和原则等。

这两方面的内容，一般都通过法律、法规、纲领、章程等文件加以规定，具有法律的强制性，总称为制度。

企业制度也能约束员工们不正当的行为和思想。制度即是"法律"，它能够规范企业，能够强化企业的执行力，用制度确保执行，是企业大成所在。

柳传志说过："贯彻一种规章制度的要求，今天达到了，明天可能就达不到。所以规章制度的事情，定了就要非常认真地执行并宣传。比方说要求你将桌子擦干净，今天你擦干净了，明天就差点，后天可能就不擦了。因此就必须不停地要求，我们把这叫作'反复抓，抓反复'。"

柳传志参加中国企业家俱乐部后，有一回，俱乐部被邀请去美国访问。当时来了一辆大卡车，车能装下50人，30多个企业家，然后加上工作人员，刚刚好塞满一车。

柳传志比其他企业家晚去了一天，隔天早上，他在车中和大家打招呼，因为和很多熟悉的企业家好久没有见面了，如今见面少不了一阵嘘寒问暖。柳传志对自己迟到的问题很关心，他认为，一个俱乐部组织要想办得长，那么就必须有一套合理的规章制度，以及俱乐部成员的执行力。

迟到罚款是俱乐部的规定，以前开会的时候都是严格执行的。现在这么一个大团,而且还是在外国,一天都集合好几次,柳传志想着,昨天自己没有在,那么能严格执行吗?

秘书很得意地告诉柳传志,昨天是第一天,大家都遵守制度,只有执行司库夏华迟到了,罚了300美元。夏华是依文集团的董事长,是一位很有风度的女士,她交罚款的时候,满脸微笑,伸手拿钱坚定不移。

后来,柳传志在车上讲话,又将罚款的问题明确了一遍。柳传志表示,罚款不是目的,而是说明制度定了就得执行,不论是什么情况。

在柳传志眼里,他觉得"王子犯法与民同罪"。正好有一个案例,冯仑是最早上车的,但是上了车后发现护照没有带,于是便又匆匆回去取护照,自然就迟到了。于是柳传志问俱乐部内的成员,这样的情况算不算迟到,大家的回答都是"算"。不管是什么情况,不管是主观还是客观,只要迟到了就一定得罚款。

柳传志认为,一个良好的公司,就应该要注意"法治"和"人治",两者结合才能达到完美的执行。换一句话来说,就是制度要确保被执行。

中国有很多公司的制度还不健全,大部分都是靠"人治"来管理。在这种情况下,领导者的能力是决定企业做强做大的关键因素,没有好的管理,就没有好的效益。

柳传志认为,一个企业靠人的自觉,或者是他人监督,是解决不了所有问题的。不论公司的运行过程怎么样,都需要有科学的管理制度。

《韩非子》中有这样一个故事:古时历山下的农民,因地界闹纠纷,舜帝就到那里去同农民一起种地,一年后就把田界划清了。

黄河边上的渔民因争夺捕鱼区发生纠纷,舜又到那里去同渔民一起捕鱼，一年后就使渔民能互相谦让有秩序地捕鱼了。

对于舜的这种做法，韩非子认为很不可取。他说，舜修正一个错误居然用了整整一年时间，效率太低了。如果立下法规，定下制度，颁布天下，要求老百姓必须执行，并对违反者进行处罚，这样的话，只需十天，全国的问题就可以全部解决，哪里需要等上一年呢？

韩非子对舜帝行为的评说是有道理的。领导者必须通过法规制度将解决问题的工作程序确定下来，立法规、定制度比领导者事事亲自干要重要得多。因为人性如水，规章制度如渠，只有渠才能将水引导好。

高明的领导者能够运用规章制度来体现自己的影响力与控制力。

18世纪末期，英国政府决定把犯了罪的英国人统统发配到澳洲去。一些私人船主承包了从英国向澳洲运送犯人的工作。

最初，英国政府是以上船的犯人数为准向船主支付费用的。船主为了牟取暴利，尽可能地多装人，只要船离岸，船主按人数拿到了钱，对于这些人能否远涉重洋，到达澳洲就不管不问了。有些船主为了降低费用，甚至故意断水断食。

3年以后，英国政府发现：运往澳洲的犯人在船上的死亡率达12%，其中最严重的一艘船上424个犯人死了158人，死亡率高达37%。为此，英国政府想了很多办法。比如，在每艘船上都派一名政府官员监督，再派一名医生，同时对犯人在船上的生活标准做了硬性规定。

但是，这样做不仅死亡率没有降下来，有些船上的监督官员和医生竟然也不明不白地死了。

无可奈何，政府又采取新办法，把船主都召集起来进行教育培训，苦口婆心教育他们要珍惜生命，要理解去澳洲开发是为了英国的长远大计，不要把金钱看得比生命还重要。但是情况依然没好转。

一位英国议员看出了问题的关键，认为是那些私人船主钻了制度的空子，就建议政府以到澳洲上岸的人数为准计算报酬。

于是，问题迎刃而解。船主主动请医生跟船，在船上准备药品，改善生活，尽可能地让每一个上船的人都健康地到达澳洲，船上的死亡率降到了 1% 以下。

这个故事让我们感受到制度的力量，一个有效的管理制度能规范下属的行为，让下属心往一处想，劲往一处使，达到设计管理制度的目的。一个单位如果不建立一套行之有效的管理制度，就很难维持正常的工作秩序，更谈不上创造优秀的业绩。

02 按规章制度严格管理，不讲情面

制度要定得具体而简明易行，歧义越少越好。一方面，它能有效指导下属的行为；另一方面，下属是否违反制度，有明确的衡量标准，不存在争议。

2007 年，某城市有家化工厂濒临倒闭，这时公司聘请了一名德国的管理者，企图让公司起死回生。

这位德国管理者上任之后，并没有将一些大的决策改掉，而只是将原来的各种制度加以落实和实施，真正做到用制度来鞭策企业员工工作。半年之后，这家化工厂奇迹般地起死回生了。

上述事例明确告诉我们，大多数企业倒闭或者出现一些危机的根本原因不在于企业没有制定一系列的制度，而在于企业没有真正地落实制度，没有对员工产生激励和鞭策的作用。

俗话说："光说不练，十年不变。"所以，只有付诸行动的制度才能对企业管理和发展起到决定性作用。

制度落实不力、落实不到位、落实制度走样是当前面临的问题。再好的法规制度，如果不去执行，也会形同虚设，没有实际意义。

对很多违反制度的行为，由于缺乏相应的问责惩处机制，缺乏过硬的追究惩处手段和措施，从而极大地损害了制度的权威性和严肃性，更难以起到警示"后来者"的作用。

有这样一则寓言：

虎大王接到兔子的报告，说狼非常凶残，经常欺负弱小动物，小动物已被它吃掉了不少，有的连骨头都没有剩下。

虎大王听后大怒，立即签发了一个文件，严厉指出："狼如果不痛改前非，我一定对它严惩不贷。"

不久，虎大王又接到羊的报告，报告说，狐狸时常玩弄狡猾的伎俩，以各种名目敲诈羊们，一会儿要收青苗费，一会儿要收泉水保护费，一会儿要收山地使用费……再这样下去，羊们就生活不下去了。

虎大王听后义愤填膺，大叫："马上发个文件，狐狸如此胡作非为，要给予严重警告！"

文件刚发完，又有一群蜜蜂飞来哭诉，说狗熊一天到晚什么事也不干，可是吃喝起来却贪婪无比。蜜蜂们辛辛苦苦劳动一年，狗熊们却大嘴一张，几顿就把蜂蜜吃得差不多了，蜜蜂们连过冬的食物都没有了。

虎大王暴跳如雷，愤怒无比："再发个文件，一定要严肃处理！"

虎大王的文件发了一个又一个，但狼照样欺凌小动物，狐狸也照样勒索羊们的钱财，狗熊依然大吃大喝蜂蜜。

最后那些弱小的动物都对虎大王非常失望，它们见虎大王的文件得不到贯彻执行，而自己又不堪忍受欺凌，于是纷纷逃到别的地方去了。

在一个企业中,如果命令或制度得不到有效的执行,就会成为一纸空文,久而久之就会使下属失去对领导者的信任。

松下公司创始人松下幸之助就是一个有法必依、令出必行的人,因此,在他的严格管理下,公司的管理者都严格遵守纪律,绝不徇私舞弊,在公司内形成了一种严谨的工作作风。

松下公司开除过一个员工,尽管这个员工的工作能力非常强,其他各方面的表现也都很优秀,但公司人事部依然坚持开除他。

原来,这个员工当初面试时,为了获得工作机会,将自己的年龄改小了一岁。因为在招聘要求里,有一条规定是年龄不能超过35岁,而他当时已36岁。这件事后来还是被公司知道了。

人事部经理对这位员工说:"如果当初你肯坦诚地告诉公司你的实际情况,鉴于你的工作能力,我们会考虑破例录取。但是,现在很遗憾,你已经触犯公司的纪律,我们必须请你离开。"

可以说,正是靠无情的管理制度,松下公司才取得了今天的成就和地位。在松下公司,即使是总裁本人违反纪律,也将受到严厉的处分。

二战后,日本的国内形势直接影响着企业的发展,同样,松下公司也面临着极大的困境。为了渡过难关,松下幸之助要求全体员工振作精神,不迟到,不请假。

此制度制定之后不久,松下幸之助本人就迟到了,原因是他的司机晚接了他10分钟。他认为必须严厉处理此事。首先他以不忠于职守为理由,给司机减薪处分,其直接主管、间接主管也因监督不力受到处分。

松下幸之助认为对此事负最后责任的,是他自己管理不到位。于是他对自己实行了最重的处罚——扣发全月的薪金。此事深刻地教育了松下公司的员工，在日本企业界也引起了很大的反响。

正如英国克莱尔公司在新员工培训中说的那样："制度就是高压线，它高高地悬在那里，只要你稍微注意一下，或者不故意去碰它的话，你就是一个遵守制度的人。看，遵守制度就是这么简单。"

所谓无情管理，就是按规章制度严格管理，不讲情面。意思就是说，在制度面前人人平等，唯制度最大，唯制度最高。

无情管理既能使企业的规章制度得到有效的维护，又能使管理者获得大家的信服，从而万众一心，共谋企业的长远发展。

想要让企业管理制度执行到位，成为真正的"老虎"来威慑员工，督促员工努力工作，就一定要严格规定员工在违反制度后所受到的惩罚。这是保证企业制度得到高效执行的一种强有力的措施。

索尼公司的创始人盛田昭夫曾经在英国开设了自己的工厂，迈开了日本产品进驻欧洲市场的新步伐。当时，盛田昭夫为了将索尼文化和其影响力带到欧洲，设立了一系列既人性化又奖罚分明的制度。

盛田昭夫一开始很担心英国人会因为一些制度的不合理而提出罢工，所以，在制度上，他制定了十分合理的条例。例如，人人平等、一视同仁，不会因为英日之间的文化和传统差异而产生分歧等。

这些人性化制度的制定，的确让英国工人感受到了索尼公司的开明和民主。但是，这也造成了英国工人的过分放松和张扬。

后来，盛田昭夫发现，在英国的索尼公司生产进度明显减慢，而且，生产车间里也没有纪律性。更为重要的是，很多车间工人不按照流水线的正常工序工作，他们会采取一些跳跃式方式来工作，这让盛田昭夫感到十分生气。

于是，他立即召集了英国索尼公司的相关负责人，以及车间的工人代表们召开了会议，并且在会议上提出了新的规章制度。在这个新制度上，盛田昭夫明确制定了严厉的惩罚条例，并且设立了质量检查制度，对流水线的生产质量进行检查，一旦出现违规者，将严惩不贷。

后来，在这项制度的实施下，英国索尼公司的工人们纷纷严格按照规章制度办事，一段时间之后，英国索尼公司生产的进度也逐渐赶了上来，这为索尼公司在欧洲开辟新市场提供了重要的条件。

索尼公司的这个事例充分说明，唯有惩罚，才能让那些违反制度者真正地记住制度的执行力才是最强大的。

在执行力面前，一切违反规定的行为和人都将受到严惩。

事实证明，制度严格的公司持续的时间往往会很长，而一个既有严格制度，又对违反制度者及时做出惩罚的公司则会更加强大和稳定。但是这并不意味着，只要员工违反制度就一定要将其严惩。

其实，企业管理者可以根据员工所违反制度的严重性，以及员工本身对公司的意义和价值来进行灵活处理，但是切不可因为裙带关系或者其他的一些私交而放任自流。

管理者一定要做到两点：一是，对违反制度者要及时惩罚，在此，要突出"及时"二字；二是，制度面前保持人人平等的同时，要灵活运用。

03 企业领导也不能超越于制度之上

一个公司要想取得真正的进步，靠人的力量是不行的，因为那样只能换来一时的效益，并不能带来长久的发展。只有把精力用在制定公司战略和不断完善推进战略实施的制度上，包括公司治理结构、人力资源开发、生产和销售以及员工价值观训练等方面，企业才能获得真正的进步。

当组织强大的时候,制度的作用就越来越明显。它能够使企业得到很好的管理,让企业不断地创造财富,也从而解放了企业的管理者。

冯仑说过:"王石对万科的贡献,在于他不厌其烦地建造了终于可以自动行驶的'万科牌汽车'。管理在于细节、在于耐心、在于持久,这一点,万科人做到了,所以万科创造了我们不可比拟的成功。"

万科就是因为有一套非常完善的制度,所以王石才有时间去爬山、旅游、参加各种活动。冯仑说:"万科的董事长不忙,为什么不忙?因为万科制度的力量最强大,它定制度,它创造制度,它培训人。制度在管事,事情在创造绩效,就是这么一个过程。"

企业的管理者在建立起持续创造财富的制度后,就应该淡化个人的作用。因为企业有了好的机制,无论是选拔人还是淘汰人,都会按部就班地进行。

这条法则在房地产企业同样适用,王石现在把大部分时间花在登山、做公益事业上,但万科并没有因此停下前进的步伐。

国家不可一日无法,军队不可一日无纪,单位不可一日无规。制度是管理的基础,是团队有序、有效运作的根本保证。

制度就是要求大家共同遵守办事规程或行动准则,简而言之,就是日常工作中的规章制度。这些制度的要义,人人都已明了,无非是明确提出,要大家记得住,做得到,从而形成清新和谐的良好风气。

那么,制度要管用,首先要好记,只有记得住,才能照着办。制度要好记,必须简明扼要,烦琐不行,几十页,上百条,那是做样子给人看的,不是要人照着办的。试想,记都记不住,如何照着办?所以,制度要让人照着做,就要简单易行。

中国在战争年代形成了"三大纪律、八项注意"。

三大纪律是:一切行动听指挥,不拿群众一针一线,一切缴获要归公。

八项注意是：说话和气，买卖公平，借东西要还，损坏东西要赔，不打人骂人，不损坏庄稼，不调戏妇女，不虐待俘虏。

这些都是从日常生活形成的几个方面的纪律，简简单单，清清楚楚，一看就明白，一说就记得住，当然要做到也不难。如果是洋洋洒洒数万言，谁又记得住，记都记不住又何谈做得到？

制度要管用，还特别要求企业管理者把自己放进去，真正做到制度面前人人平等。管理者手中握有权力是实行有效管理的必要保障。要管理好下属，一方面要依靠手中的权力，以权管理，名正言顺；另一方面，即便是管理者，手中的权力再大，也不能超越制度。

据说，挪威首相邦德维克曾专门从德国宝马公司订购了一辆高级防弹轿车。令人始料不及的是，轿车运到后，首相却被当头泼了一盆冷水：国内公路管理部门不允许首相的车上路，理由是"轿车比规定的标准超重90磅，公路路面承受不住"。

不得已，挪威首相只好让人对车进行大改造，令车身变轻后才上路。

听到这样的新闻最易引起联想：这样的事情换个地方，别说是堂堂首相的车超了区区90磅，就是一个官二代、富二代的人物，兴致一来，说不定也可能开一辆重型坦克上路的。

于是，让人们不由得对挪威公路管理部门铁面无私，不给首相半点"面子"的做法生出敬意：只认规则，不认权势。

社会越发展、越进步，就越强调和重视制度建设。在各项法规和制度越来越趋于完备的情况下，关键是要按制度办事，用制度管人。

但是话又说回来，制度是人制定的，自然也要靠人来落实。而执行制度与照顾人情往往又矛盾。

面对一些违反制度的人和事，如果管理者陷于人情的羁绊而"心慈手软"，或顾及私利，怕得罪人，结果必将导致纪律松弛、制度废弛。制度只有在被执行的时候才能发挥作用，否则就是废纸一张。

柳传志在联想创立之初，就为联想设立了若干"天条"，这些"天条"成为联想不可触犯的雷区。

在一些人眼中，开会迟到看起来是再小不过的事情了，但是在联想，却是不可原谅的事情。联想的开会迟到罚站制度，20多年来，无一人例外。

联想刚定下开会迟到罚站这个制度时，第一次被罚站的人是柳传志的一个老领导，原计算所科技处的一个老处长。

面对自己一直敬重的老领导，柳传志毅然决定必须执行这一制度，他严肃而饱含深情地对老领导说："老吴，今天晚上我到你们家去，给你站一分钟。但是今天，你非得在这儿站一分钟不可。"

就连柳传志自己，也不搞特殊化，他也曾被罚站过3次。其中有一次是因为自己被困在电梯里面，电梯坏了，没有办法请假被罚站的。

对此，柳传志说："既然制定了规章制度，就一定要非常认真地宣传并执行。"

企业做什么事，就怕含含糊糊，制度定了却不严格执行，最害人。管理者要坚持制度，不讲人情，即便要讲，也要讲大的人情，讲维护员工根本利益的情，讲为公司负责的情，讲有利于企业员工健康成长的情。

如果站在这个角度处理问题，严格执行制度的行为就会得到全体员工的支持，也会使得受到处分的员工心服口服。只有这样，我们的企业才能更加兴旺、更有活力。

第四章　实现理想要先理顺各种关系

有人说中国企业家为啥最近老讲体制的问题？因为政府的手老在我怀里乱摸，不能不说，又不能乱说。我在美国或中国台湾地区做房产，不用管市长说了啥，他的手也不会摸我，所以我也不用说他啥。

——冯仑语录

创业之初，我们就讲守正出奇，所谓守正就是要遵守各项法律政策，70%要做正，30%可以变通。所有企业在成长中都面临很多灰色的东西，我只能这样说，万通在这些企业里面是做得最少的，而且是能不做就不做，所以，我们一直没有出事。

——冯仑语录

◆冯仑故事：企业与政府的关系

企业离不开政府，不仅是开办企业，包括开办企业以后的税收、检查、管理，都离不开政府。

如何处理好与政府的关系呢？冯仑有自己的价值观：

我看了许多案例后发现，造成多数民营企业在成长过程中死亡的原因，不是市场竞争，而是体制摩擦。我们在不同的阶段，有不同的体制摩擦方式，最近8年光房地产调控就出了40个文件，平均每年出台5个文件，每个文件管两三个月，体制摩擦很厉害。比如，发改委要求房子明码标价，抓出江西一个房地产公司示众，结果这个公司就死了。我觉得它至少不该死，这是体制性摩擦造成的伤害。

银行需要由政策性银行改制到商业银行。

现在我们跟国有银行的合同关系、博弈关系是不公平的，行政命令一来，说停贷它就停贷，说收贷它就收贷。它违约咱不敢起诉，但咱违约是要死的，因为国有银行和咱是两个不对等的主体。

很多民营企业在历次调控当中，都被一刀切的信贷政策和政策限制搞死了。造成民营企业死亡的原因中，最主要的就是这种体制摩擦。如果是纯粹的市场竞争，这些民营企业扛不住时大不了把公司卖掉，或把股权质押让给别人。现实却不是这样，很多老板成了这种体制摩擦的牺牲品，企业破产，自己则可能锒铛入狱。

冯仑把容易出事的企业，归结到"体制性摩擦"，他进一步解释了如何避免危险：

这种体制转型的过程，有点像从土路坐拖拉机奔到高速公路。

在这个过程中一车人都不知道该怎么走，开车人一边修车、一边换车，还希望半道上能找一辆好车再倒腾，最后终于上了高速公路，这就叫转型。

在这过程中，司机也不知道方向，车上人嚷嚷狠了他就停下来，这时车上人跟他求求情、保证不再嚷嚷了，他就继续往前开，车要颠散了才停下来，修好了继续跑。

但大量的车都颠散熄火了，只有少数车最终能够上高速公路。今天我们好歹已经到了高速公路路牙上，因为我们所有的治理结构、价值观轻松干净，我们现在没有什么诉讼，也没有逾期贷款。

所以，在由现实通向理想的过程当中，最重要避免死亡的方法，就是规避体制性摩擦，当体制转换、政策转换时，决不能生磕死扛。所以我才说，要按政府要求办。只有这样，我们才能跟理想的距离越来越近，而且还能坚持。

我们从负数开始创业，到今天能把公司利润做正，20年后还在这儿坚持，就是因为没在体制摩擦中牺牲，至于赚多少钱那是第二位的。

在处理与政府的关系时，冯仑确定了"坚持原则"的方针，实践证明，这样确实避开了很多风险：

在处理大量复杂事情的时候，我们要按正确的价值观检点自己，以应对不确定性困难。

很多年前，突然有个电话打来，说有个专案要我去一趟。我一听这事挺严重，但转念一想，他们不直接到公司把我带走，还给我打个电话，估计事儿不会大到哪儿去。

后来律师去了一下就没事了，原来是跟我们合作的一个小股东扯到了案子里。他当时说想提前分红，因为他是外企的，我们就给了他美元，没想到他拿着这个钱躲到国外去了，专案组调查发现是我们给的钱。但这件事我们是依法依规办的，所以能坦然面对。

实际上在过去的20年里头，我们碰到过很多这种奇怪敏感的事，但我们每次到了河边掉头就走，没湿鞋就回到了我们认为正确的地方。我碰到过一个政府里的人，他说："我观察你们这个公司这么多年，发现你们老在河边站，却没湿鞋，拐个弯又回去了，很有意思。"

他说我们掌握政策的水平比较高，我说不是掌握政策的水平高，我就是听党的话而已。我15岁入团，20岁入党，共产党的基本教育和组织纪律我很清楚，比如不能行贿，不能干坏事，不能从事非法组织活动，这主要是党教育得好。

20年来，我们就是这样靠着价值观把偶然性事件用一种必然的方式处理掉，因为坚守了原则而没有出问题。

冯仑的这种坚持，确实避开了企业的很多危机，他又讲了一件真事：

很多年前我们收购了一家公司，有位领导在这个公司里遭人攻击，有人就认定我们跟这个领导有不可告人的事情。经查证，当然是没有。

当初我们一到这家公司的时候，我就跟那位领导直接谈，说我们可以做朋友，但不做交易。

当时别人都说我不能那么说，会把人家得罪了。可我觉得就应该说清楚，否则每天见面时都各揣心事，就成了心理负担：你早点跟他说清楚，彼此的预期都设定好，今后的工作就能更顺利地开展，政府相关部门也就知道我们是什么样的企业，以后清盘、重组、破产，再大的事也都捎不到我们。

◆冯仑启示：

01 明大势，盯着国家政策

政策是市场的导向，在国家政策的变化当中，往往蕴藏着机遇。很多时候，政府机关的一句话，其实在告诉你如何跟上形势的发展，那些敏锐的企业家就能准确地抓住历史性的机遇。

懂政策，关心政策，在其他人尚未发掘的时候率先采取措施去应对，去做出反应，这就是"抢政策之前"。

比如当国家试行一项政策的时候，抑或市场上有些风吹草动，温州商人就会马上分析这件事对于公司企业的影响，然后迅速采取应对措施。

快人一步，才能抢先一步，才能先获得市场的青睐，才能比别人先淘到第一桶金。王均瑶就懂得顺应国家形势，懂得"抢政策之前"，所以才创立了企业，然后不断把企业做大。

1993年，中国人都听到了一句话，"一杯牛奶可以强壮一个民族"。但是听到了这句话的中国人很多只是左耳进，右耳出，并没有多想，然而王均瑶却从这句话中觅得了商机。

当时有很多专家和学者还专门验证这句话是否正确——以前的日本人十分矮小，但是第二次世界大战之后日本人就开始喝牛奶，不仅身高增加了，就连寿命也增加了不少。

但是，在中国很多人都不喜欢喝牛奶，所以普遍缺钙。

王均瑶好像一下子就发现了"新大陆"，当时国家政策也正在重视国民的营养状况，开始提倡食用加碘食盐，而牛奶更是补充钙质的不二选择。如果做好牛奶产业，肯定能提高国民的身体素质。

1993年，王均瑶斥巨资在全国范围内创建了乳业生产基地，并在全国范围内设置了销售网点，得到了国家的大力支持。

均瑶乳业在王均瑶的带领下不断发展，不断创新，最终做成了大品牌。

同时，王均瑶也积极响应国家政策，把他的事业和国家的发展紧密地联系到了一起。

2000年，王均瑶参加了中国光彩事业，在三峡地区投资建立了均瑶乳品厂。他推出了移民养牛计划，为三峡群众解决了后顾之忧。

王均瑶深知，自己取得的成绩和国家的政策息息相关，所以，他也在为国家的发展做着自己力所能及的事情。

2003年，王均瑶又紧跟国家政策，为了支持西部大开发，他捐款1000万元，设立了"大学生自愿服务西部计划均瑶基金"。

2003年3月，王均瑶被推选为全国政协第十届委员。2004年11月7日，王均瑶因劳累过度，患肠癌，英年早逝，年仅38岁。

王均瑶能从一句话中听到商机，主要是因为他关心国家政策，懂得分析当下形势。然后把自己的事业和国家的大形势相结合，取得了成功。

要做大生意，就要从国家的新闻中找信息，国家的经济、政治、外交，甚至每一项新政策的出台，都蕴含着赚钱的机遇。

在中韩建交前夕，南方有个精明的企业家看到中韩高层领导接触频繁，预计中韩两国建交在即，就在离韩国较近的胶东半岛购置大量地皮。中韩建交后，他通过转让土地使用权，着实大赚了一笔。

前些年，我国关于环境保护问题的宣传，搞得有声有色。

这是《环境保护法》出台的前奏，得此消息的人何止万千，但浙江一家乡镇企业的厂长却敏锐地意识到一个尚未开发和占领的市场——环保产品市场。他及时调整该厂的产品结构，开发环保产品。

其后，《环保法》在全国实施，当各地的厂家还坐在办公室里研究调整产品结构方案时，该厂早已开发出一体化净水机、自来水压力过滤器等新产品，从而在环保产品市场上站稳了脚跟。

从政策或形势中能看到变化，看到机会，充其量是个智者。只有逐势而行，随势而努力去做，才能获得别人得不到的财富。

关于明大势，张瑞敏有一个著名的"三只眼"理论，这是他多年以来的经验之谈："在计划经济向市场经济转化时期，企业家只有两只眼睛不行，必须有三只眼睛。要用一只眼睛盯住内部管理，最大限度地调动员工的积极性；另一只眼睛盯住市场变化，策划创新行为；第三只眼睛用来盯住国家宏观调控政策，以便抓住机遇超前发展。"

张瑞敏就是长了"三只眼睛"的企业家，具有超前意识的指挥官，富于创新精神的设计师。他在指挥广大员工不断提高产品质量、不断扩大市场占有率的同时，不失时机地抓住了各种稍纵即逝的机遇，发展海尔，壮大海尔。

1992年6月份，张瑞敏借着改革的春风，用较低的价格在青岛市高科技工业园买下了720亩土地，决定筹建中国最大的家电生产基地——海尔工业园。

1999年，海尔集团又分别在青岛市经济技术开发区征地800亩，在海尔工业园西侧征地160亩，建立了海尔开发区工业园、海尔信息

产业园。

1999年4月30日,海尔更是走出国门,在世界上最发达的美国南卡罗来纳州建立了美国海尔工业园。

海尔开发区工业园在投资时抓住东南亚金融危机期间日元大幅贬值的机会,大大降低了投资费用,其中仅建设材料一项便节约资金30%。同时工业园所需设备均大量从日本、韩国进口,节省外汇约20%,真正做到了低成本、高产出。

这些都表现了张瑞敏善于用他的"第三只眼"抓住机遇,进行超前发展。

在2000年4月16日开幕的"世界经济论坛中国企业高峰会"上,张瑞敏对他的"三只眼"理论做了新的诠释。他说:"中国企业在发展过程中要长三只眼睛:第一只眼睛盯住企业内部员工,以凝聚内部员工的才智为上;第二只眼睛盯住用户,以用户利益为上;第三只眼睛盯住外部环境机遇,不仅是国内市场改革开放的机遇,还有世界经济的大机遇。第三只眼对中国企业来说尤为关键。"

明大势不是一心盯着国家政策,政策要盯,市场机会也要捕捉。否则光盯政策不盯市场,那不是商人,那是官员。

市场上现在时兴什么,流行什么,人们现在喜欢什么,不喜欢什么,都是你谋富的机会。

"QQ之父"马化腾发明的QQ不仅仅单纯地改变了中国人的沟通习惯,6亿总注册用户和1.8亿活跃用户,以及上百万固定QQ游戏用户更使马化腾充分体验到资源资本化的奥妙所在。

马化腾认为,"谁认真挖掘客户的潜在需要,认真研究相应操作方案,并认真贯彻执行,谁就能最大限度地实现利润可持续增长。"

就在上亿的QQ用户畅快地使用QQ"胡聊""神侃"的同时,

这位"QQ之父"正在网上四处寻找着新商机，他说："我每天大部分时间都在网上，我上网只有一个目的，就是在网上的犄角旮旯里发掘新的商机。"

一个偶然的机会，马化腾发现韩国网络公司一种给虚拟形象穿衣服的服务很受网民欢迎，于是他想："一个用户愿意花1～2元为自己的QQ增添服装和饰品的话，这个项目带来的收入就是天文数字。"

于是他联合服装服饰、手机、饰品公司共同开发了风靡Q族世界的QQ秀，目前已有超过40%的QQ用户使用QQ秀，仅QQ秀一项给腾讯所带来的利润就是惊人的。

很多商人一看就是聪明人，脑子转得快，什么赚钱就做什么，并且只要赚钱，挖空心思去钻空子，甚至最后一切规则都可以不顾。

曾经有人勾画出中国商人暴富流程图，倒买倒卖，搞股票投资，做房地产，几乎赚大钱的都带点投机。

问题是，当投机成为一种商业习惯后，便注定了其短命的结局。

当年海南岛炒房，刚开始几乎大家都赚疯了，可是，在房地产泡沫到来的时候，多数人还不收手。而后来之所以有冯仑、潘石屹的崛起，就在于他们对于投机的克制。当他们看到海南的人均住房面积已经达到50多平方米，而北京同期只有7平方米时，就及时收手。

很多人虽然看到了这点，但是还存在侥幸心理，还想捞一把再走，结果就掉进去了，曾经的巨大财富立即灰飞烟灭，顿成黄粱一梦。

不明大势，无法克制投机欲望，就永远无法突破小商人的境界，也无法长久。

02 与政府不能太远，也不能太近

做企业永远不可避免地要和政府打交道，尤其是做大生意。

掌握好火候最关键，太凉的时候就加点热水，太热的时候就加点凉水，既不能太远，也不能太近，也就是人们常说的"君子之交淡如水"。但是又要能与政府保持好适当的距离，如果企业经营被其他意愿所干涉的话，那对企业经营必然是有百害而无一利的。

只有处理好这层关系，企业才能为自身发展赢得一个最稳妥积极的社会环境。

有人甚至会认为：与政府搞好了关系，就等于企业前途无量；不能与政府建立稳固的关系，企业的发展前景就是一片暗淡。对此，马云却有不同的看法。

首先，马云是一个非常善于经营关系的人，在他创业的过程中，与政府的关系处理得总是恰到好处，这为企业的发展提供了保驾护航的作用。

而马云的高明之处，就在于他又懂得与政府保持适当的距离，善于借力，却又不受外力控制。这一点也是每个创业者应该从他身上学习的。

2008年9月22日，雅虎中国与阿里巴巴合并完成后，雅虎中国600多名员工前往杭州阿里巴巴总部。当时，阿里巴巴2000多名员工为其举行了隆重的欢迎仪式。

其中，最引人注目的是杭州市政府也参与了这次接待。

火车到站后，市政府专门设宴招待雅虎中国600多名员工，为远道而来的员工接风洗尘,不仅市长亲自祝酒,而且市委书记也发来贺信。

从这一点我们不难看出,阿里巴巴同杭州市政府的领导班子有着多么密切的联系,否则,很难想象,一个省会城市的领导会如此重视这样一个欢迎仪式。

企业与政府必须保持紧密联系,但又必须把握分寸。对此,马云有这样形象的总结:"与政府恋爱,永远不要和她结婚。"

对于企业与政府之间的关系,马云的总结既形象生动也非常精辟。

企业在创业的过程中,如果同政府关系淡化甚至恶化,是难以发展的,弄不好还会亏损甚至破产倒闭。经营者的生产经营活动绝不是自行其道孤军奋战,更不是不负责任地为所欲为。

创业者作为一个经营个体,对当地政府负有一定责任,如承担政府所交给的生产计划,提供优质产品,缴纳税金,义务提供必要的社会公益服务等。

企业必须承担好自己的社会职责,这样才能获取在社会上应有的地位与角色。

同时,创业者又要保持自身的经营独立性,不能让政府意愿绑架了自身经营,用力所能及的力量去承担起自己的责任,但也要去积极探索自身经营空间。

只有在平衡的掌控之中,企业发展才能走上良性的发展轨道,为未来发展开拓出更多空间。

史玉柱在《赢在中国》节目中对一位选手说道:"我觉得一个企业,从一开始做事就应该规范,哪怕牺牲一点发展速度。我公司自成立第一天起,就按上市公司的要求去做,去规范。这在起步阶段可能影响一点发展速度,但发展后劲足,会持久,而且机遇一旦来临,就能迅速扩张。比如在美国上市我们就必须通过萨班斯法案,这时对公司来说是降低效率的,但是规范。中国企业不去上市也不会这么做,我们就降低效率去追求规范。"

2005年,冯仑在《中国企业家》杂志发表了《决胜未来商业的四种力量》,他在里面说:

在普通的中国人眼中,最相信的是关系,以为关系可以决定一切,面子才是生产力。所以在构筑未来的发展空间时,往往首先想到的就是广结善缘、扩充人脉、寻找靠山。

其实,如果多问几个为什么,就不难看出,把一切成败寄托在关系和人情面子上,实际上就是想绕过一切正常的管理规范和法律法规,取得某种凌驾于制度之上的特权,从而获取具有垄断意义的机会和利润。

"关系"越盛行的地方,制度就越遭到践踏;制度越无尊严,关系就越加重要,越发有面子,形成恶性循环。

所以,相信关系的人,从来不把制度放在眼里,权力身边的"关系"之所以违法乱纪的机会多,便是这个道理。

然而,在我看来,对于办企业来说,事实恰恰相反,关系不仅不是决胜未来的决定性力量,反而是导致公司瓦解的毒药。

例如:一个人开车闯了红灯,如果交警是哥们儿,就可能不仅不罚款(比如50元),反而聊几句后他还请你吃饭(比如花50元),里里外外一算你还"挣"50元。

这么一来,你下回胆子更大,不仅闯红灯,而且敢撞人,反正有哥们罩着不怕。

同时,这位交警也时不时要你帮忙,或者干脆把老婆安排在你公司,每月起码三五千块钱。如果她干得不好,你还没法炒她,哥们儿还一大堆意见。久而久之,别人的积极性也受影响。

显然,"关系"之间的交往模式,既"激励"你不断违章、犯法,又不断往里赔钱，甚至还会导致公司内部组织涣散。

这就是那些迷信"关系"的公司为什么办不好的重要原因。相反，不认识他，老实交了罚款，从此必定小心谨慎，既省钱又守法。

中国房地产的标杆企业——万科，可以说是规范经营的典型代表。

万科在进行股份化改造的时候，国内没有什么规范的经验可借鉴，于是，王石决定参照国际上已有的一个公众募集资金的股份化改造方案来进行。

这引起了万科管理层的反对，他们认为其他新型企业都不规范，万科独自来做规范的事情，无疑是束缚了自己的手脚。

因为市场在从计划经济到市场经济的过渡中，有很多灰色地带，而在企业发展当中，钱应该怎样赚，守法不守法，当时无论是市场还是企业都没有什么规范可言，甚至到底什么是规范大家也不清楚。

但王石的理由讲得很清楚：万科今天要做的，是对将来有好处的事情。即使现在吃亏，将来定会处于主动地位。因为大家都讲规范，而万科是走在前面的，就是说万科不但能适应社会，而且会有很多企业向万科学习。

03 稳健有效地与政府管理部门对接

过去相当长一段时间，市场秩序在改革过程中没有建立起来，法制不健全，企业和政府行为都不规范，政府管理部门的专业化能力相对低下，这时动力、信息、资源和人才优势统统在民营经济，特别是那些极富雄心的创业企业领导一边。

他们往往通过"搞掂"一两个掌握重权的领导就能轻而易举地打

开体制缺口，截获巨大的资源，形成爆发式增长。即便东窗事发，也往往能够轻易化解危机，逃过生死劫难。于是，便滋长了用钱开路、为所欲为的思维和行为模式。

邓斌，深圳中兴公司无锡联络处负责人，非法集资32亿元，号称"无锡大款"。因受贿、贪污、投机倒把、挪用公款、行贿罪，于1995年被判处死刑。

曾在2001年进入"福布斯中国内地富豪榜"的周正毅，因涉嫌虚报注册资本罪和操纵证券交易价格罪，于2003年9月被捕。据报道，周正毅玩得最多的其实是"空手套白狼"的把戏。

周正毅非法获得大量地产项目，然后以此抵押贷款，再用贷款收购上市公司，然后由上市公司购买这些项目资产，在沪港两地之间又涉嫌外汇非法流出。

由此，成立仅5年的农凯集团，由5亿元的资产迅速膨胀到2003年初的200多亿元。

只有建立科学合理的治理结构，形成专业化的、有效的公司管理系统，才能稳健有效地与政府管理部门对接，获取长期发展的市场资源和政府资源。

万科长期以来建立的规范化管理体系和职业经理人文化，恰好适应了政府管理体制和方法的这一积极变化，因此，路越走越宽，公司越办越顺。

1984年，王石创建万科的前身——深圳现代科仪展销中心前，曾在深圳特区发展公司下属一个贸易公司担任饲料科副科长，但在实际工作中，他还要兼司机和出纳，甚至搬运工。

有一次，王石从北方调来了一批玉米，急需两个车皮。但当时车皮十分紧张，情急之下，自视甚高的王石不得不想办法"行贿"。

王石买了两条烟，派一个工友送给当时深圳火车北站的货运主任，王石后来回忆说："为了获得商业上的某种好处给对方送礼，我还是第一遭。"

没料到，两条香烟被拒，王石只好亲自登门。

在一阵颇为尴尬的见面后，货运主任劈面就说："这两条烟你拿回去，我知道你想要车皮，你明天来，或者叫你的小伙计来，我就给你办了。"

王石惊讶万分。

货运主任接着说："我早就注意到你了，我发现这个搬运工队伍里怎么有一个城市人模样的，在跟着一块扛。我就觉得奇怪，你不像来劳改的，也不像干苦力的农民呀，但是你干活的兴致却很高。我觉得你这人很特别，是想干成事的人，很想帮助你。但是我根本不知道该怎么帮助你，正好你找上门来了。"

就这样，王石行贿不成反而顺利地把事儿办成了。

王石说："通过这件事，我悟出一个道理：在商业社会里，金钱不是万能的，金钱是买不来尊重和荣誉的。而货运主任对我所诉求的正是后者。货运主任的精神需求很简单：欣赏这位城市年轻人的做事态度和吃苦精神，愿意无偿伸出援助之手，从支持行为中获得精神上的满足感。既然是在做令人敬佩的事业，为什么还要通过物质的诉求，直白地讲，用行贿手法来获取计划外车皮呢？"

想通了之后，王石也清楚了自己经营企业的底线：绝不行贿！

四川首富刘永好 2015 年 10 月 15 日出席"互联网+"峰会，在峰会现场刘永好说："我们要远离官员，不能和他们走得太近。"

这一论点引发现场观众大声叫好，掀起一个小高潮。

刘永好认为，企业应脚踏实地做事，不能和个别官员走得太近，天天请吃饭喝酒勾肩搭背容易出问题，堂堂正正做自己该做的事，根正，企业才能有希望有发展。

企业发展得好政府自然支持，不能得到长远发展，请客吃饭也无用，确实是如此。

冯仑曾在《理想丰满》里谈到了政商关系：企业跟政府的关系，用6个字说明，离不开，靠不住。

2007年，冯仑结合万通与泰达合作的实践，以及自己的观察和思考，在《跨越历史的河流》一文中这样描述政商关系：

在这纷繁复杂的政商关系中，许多极富创造力或原有希望变得举足轻重的民营企业中途夭折，远的像胡雪岩，近的如周正毅、张荣冲。所以，民营企业要想寻求长生之道，跨越历史河流，全面把握政商关系乃是当务之急。

在商业经营之中，尊重政府、顺应民心的商人，自然会在外留下好的名誉与声望，与此同时，随之而来的还有源源不断的巨大财富。

林氏集团是一家多元化的企业，它经营的范围非常广泛，主要涉及纺织、水泥、化工、电子、林业、渔业、航运、保险、金融、房地产、黄金宝石、酒楼饭店、医疗器材、电信设备、钢铁等行业。

它的基业中心在印尼首都雅加达，下属企业则分布在印尼、新加坡、中国、利比里亚、荷兰、美国等国家，是一个跨亚、非、欧、美四大洲的国际财团。

印尼林氏集团的董事长林绍良，可谓现代的"红顶商人"，不但是印尼的首富，还是印尼政府的经济顾问，美国《投资家》杂志还将他列为世界12大银行家之一，更曾被称为"世界十大富豪之一"。

所有这些成就，都缘自林绍良"跟政府交友，经营民心"的经营理念。

起初，林绍良这位商业巨子在印尼的商业道路并不是一帆风顺的。

对于这位外来的中国籍商人，印尼人没有说不欢迎，但也没有说非常欢迎。但他却始终坚持与政府交友，尽心尽力地为印尼人民谋福利。

他自己曾说过这样的话："我们要有好的前途，必须得到本地认同，跟本地人一起共同建设家园，分享财富和成果，力求达到'均富'的理想，使社会安定。"

林绍良深刻地认识到，在异地经商就是要经营民心，如果将个人置于社会之外，甚至民族之外，那么其结果只能是被社会、民族摒弃，赚钱则更是无从谈起。

因此，他的整个事业，包括兴办面粉厂、水泥厂等，都是应民族经济之所需，补民族经济之所缺，总之就是顺应民心，因而获得了巨大的成功。

林绍良的幸运年是1968年，在这一年里，他向印尼政府提出了加工面粉的建议，以解决当时印尼粮食不足的问题。

印尼政府一听，立即采纳了他的建议，并且还将生产面粉2/3的专利权给了他。大喜过望之后，他便马上出资建起了两家现代化的面粉加工厂，从而基本解决了印尼的粮食问题。

不可否认，林绍良的做法，既维护了民族利益，又获得了政府支持，又怎能不轻松赚钱呢！

另一个生动事例，更能印证林绍良是为印尼政府做贡献，从而收获了更多民心。

1977年，印尼一家石油公司与某国国际海运集团签订了一项有关运输的协议，事后印尼公司才发现自己上当了，并且这份合约严重侵害了印尼的利益。

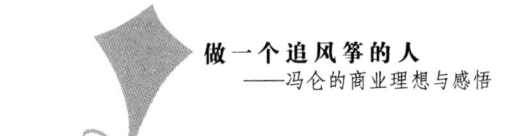

于是，印尼政府当即决定，宁可政府出钱赔偿，也要废约。然而对方却坚决不同意，一时间双方都陷入了僵局。

如果这种僵局持续的话，势必会影响印尼政府在国际财团中的形象，进而影响到印尼今后的借贷与吸引外资的能力。

就在这时，已经是印尼巨商的林绍良，于危难之际受命去解决这一难题。他凭借自己雄厚的实力，以及在国际贸易中的影响与卓越过人的机智，最后巧施计策，终于迫使对方同意取消原约，并接受赔偿，而林绍良则成为印尼经济利益免受重大损失的功臣。

从此以后，林绍良的大名在印尼家喻户晓，而他名下的产业也日益兴隆。仅1995年这一年的时间，林氏集团的总资产就已经高达184亿美元，而营业总额也达到了近200亿美元的目标，其所属的公司早已远远超过了640家。

不可否认，像林绍良这样乐于跟政府交友、顺应民心的企业家，不是以利益为目的建立企业，而是从人们的需要出发，最后势必会受到人们的欢迎与敬重，更会得到政府的扶持与帮助。

企业一旦赢得了民心、获得了政府的扶持，那么在事业上便会更加顺利，在销路上也就有了最大的保障，如此一来，又何愁企业不能做大做强呢？

只有真心实意处处为大众着想，永远以社会责任为己任，这样即便是一家刚起步的小公司，到最后也能够成为大企业，因为它的靠山不仅仅有政府，还有广大的民众。

◆冯仑故事：赚钱与慈善的关系

2008年4月16日，万通挂靠北京市科学技术协会，成立了一个以推动环境保护、节能减排、促进人与自然和谐相处为宗旨，以点亮生命为使命的基金会组织——万通公益基金会。

这是一个地方性的非公募基金会，是以吸纳本企业和企业员工的捐款为主，不能公开面向社会募捐的基金会。

万通以后每年定期向基金会捐款是企业的制度性安排，同时公司还有一项制度性规定，就是以后万通公司的新进员工都须在入职前承诺，每年抽出一段时间带薪从事志愿活动，可以选择万通公益基金会，也可以选择其他公益性组织。

万通公益基金会批准成立之后，于2008年5月12日上午召开理事会，理事会尚未结束，下午四川就发生了地震。

因为地震的原因，原本计划召开的基金会成立新闻发布会也就取消了，并直接投入到抗震救灾当中。

万通紧急启动"凝聚力量，点亮希望"救援行动，向灾区捐赠大功率节能应急照明设备，并紧急运送了帐篷、饮用水、应急灯、大米、油等物资。

2008年5月13日，万通地产向公司全体员工群发短信，发动大家为灾区捐款，短短几天，基金会收到了万通地产员工的捐款19.4万元。

2008年5月17日，万通公益基金会组织第一批志愿者到灾区一线。第一工作小组带着帐篷、干粮以及重达100公斤的节能灯具，于晚上11点抵达成都。同时决定，救助行动就从水做起。

截至2008年5月19日，万通总共捐款221.5万元，其中205万元的捐款将由万通公益基金会对灾区进行定向捐赠和资助。剩下的16.5万元由公司通过其他渠道直接捐给灾区。

之后，万通更积极地投入到灾后重建项目中。提到灾后重建，冯仑认为万通要做的有三点：

目前灾后重建有三个方面：第一，物理方面的重建；第二，社会组织系统重建；第三，心灵重建。我们更多倾向去做心灵重建的工作，虽然心灵重建跟物理重建有关。

万通在灾区不仅修复被地震损坏的房子，同时寻找新的地点，希望能够重建一个更好的孤儿院。

除了抗震救灾，万通公司捐钱捐物以外，冯仑还热衷环保事业。

内蒙古最西部的阿拉善今已变成沙尘暴的起源——2004年6月5日，是世界环保日，在这一天，中国的102名企业家齐聚内蒙古的阿拉善沙漠，在这个沙尘暴的重要起源处，共同发表《阿拉善宣言》，联手出资成立"阿拉善生态协会"（简称SEE），全方位综合治理阿拉善沙漠，遏制沙尘暴扩张，逐步修复人类生态家园。

冯仑是其中的执行理事之一。冯仑认为，参与治理阿拉善不是作秀，而是一个公司积极参与和承担社会责任的一种必要的努力：

最近大家能看到包括美国比尔·盖茨、巴菲特，这些人能够把一生积累的财富大部分都捐给社会，以公益基金的形式回馈给社会，把企业的社会责任以及企业家的社会责任特别地凸显出来了，这对中国的企业是巨大的警醒。

我认为，目前谈这些话题的中国企业，是一些发展相对比较健康的企业，或者说在行业当中比较领先的企业，以及自己对社会责任觉醒得更早的一些企业家。

在中国要想使企业的公民责任、社会责任成为整个企业界的共识，还需要很长一段时间的努力。但是作为我个人来说，作为万通来说，作为公司的利益相关者（来说），更多地关注社会责任，这是我们公司长期的一个价值取向和文化传统。

十几年来，我们除了回馈股东以外，还特别在环境保护方面花了很多的精力，我们公司的公益战略也主要是把精力、资源集中在环保上面。

正因为这样，我们积极参加了阿拉善这样一个公益基金的活动，同时也参加了其他类似的与环保相关的一些社会公益活动。

我们认为这些活动是一个公司积极参与和承担社会责任的一种必要的努力，而这种努力不是企业的负担，恰好是企业与社会、环境以及与周围的人群，特别是社区人群达成一个良性互动的很好手段。

冯仑说，由企业家主动承担环境和社会责任，围绕环保目标，共同建立公益基金会——阿拉善生态协会，这在中国历史上尚属首次。

◆冯仑启示:

01 企业公民的责任边界

随着经济和社会的进步,企业不仅要对赢利关心,还要对环境负责,并承担相应的社会责任。

企业的社会责任又有"企业公民"一说,按照世界银行的定义是:企业公民是企业与关键利益相关者的关系、价值观、遵纪守法以及尊重人、社区和环境有关的政策和实践的集合,它是企业为改善利益相关者的生活质量而贡献于可持续发展的一种承诺。

冯仑说过:责任,就是要把别人的事当自己的事。我对企业的社会责任研究有三点:第一,企业给股东创造价值,这是社会责任。第二,企业除了股东,还有其他的直接利益相关者,企业管理者也得关照。我们要履行社会责任,担子不能太重也不能太轻。第三,大家可以看到,"责"字下面是一个"贝"字,就是说你要负责任,你就要买单,和谐的核心之一就是有钱大家花。

2007年,冯仑在一次演讲中说道:

中国目前的企业家中的主流企业家,包括民营企业家达成一个共识,就是在经过20年左右的创业和发展自己企业的同时,愿意将更多的精力投注到企业的社会责任,包括公共利益当中去。

因为这些企业在中国的各个行业中已经是一个比较领先的企业，他们的企业也度过了原始积累和规模快速扩张的阶段，在中国已经是一些行业的领导者。

那么，这些领导者有自己对自己的一个期许和要求，怎么样能够作为一个负责任的企业，来影响到中国其他的一些中小规模的企业和社会的其他方面。

清楚界定企业的社会责任边界是为了更有效地履行企业的社会责任，如四川汶川发生强烈地震后，许多企业及时提供的捐款和各种支援，应当是在企业义务与公益事业的范围之内的。

一名优秀的商人，懂得造福社会的重要性。经常从事一些慈善活动是商人或企业扬名的最好途径，而好的名声对商人而言至关重要。

提起台湾地区的超级富豪家族，不得不说辜振甫的辜氏家族、王永庆的王氏家族和蔡万霖的蔡氏家族。在这些家族中，蔡氏家族又是最大的金融资本家族，其代表人物蔡万霖更是第一超级富豪。

从1989年到2002年，蔡万霖一直被《财富》杂志评为台湾地区首富，他的个人财富超过60亿美元，而其整个家族的资产总值则高达3000亿美元，蔡万霖素有"聚财之神"的美名。

作为蔡氏家族的代表人物，蔡万霖一直都非常热心于慈善事业，他对自己的期许就是"成为台湾地区第一流的慈善家"。从他这句话中，不难看出他想做慈善家更胜过大企业家的心愿。然而，就是这一颗慈善之心，让他成了富人。

蔡万霖的一生充满传奇，他由一个街头卖菜的小童，到台湾地区的大实业家，其中的辛苦可想而知。幼年生活的贫苦，使他在成功之后便热衷于帮助他人。

在早年追随自己的兄长蔡万春时，蔡氏兄弟二人对慈善事业，以及对社会公益的热心就不甘居人后。他们在台北市设立了福安孤儿院，将街头流浪的孤儿抚养成人，回报社会。在他们的故乡竹南地区，兄弟俩又捐建了一座大型的图书馆。

除此之外，他们还在那里创办了工厂，以增加当地的就业机会。不仅如此，为了发展教育，他们还成立了职业学校，为社会培养优秀的人才。

为了更好地服务于社会，蔡氏兄弟还专门成立了"国泰企业社会福利基金会"，这个基金会专门从事社会救济工作。

就这样，蔡氏兄弟十年如一日地去做慈善工作，他们的成就不但使他们自己得到了满足，与此同时也造福了社会大众。而广大民众也以支持蔡氏企业，来作为自己的回报。

国泰集团成立后，蔡万霖在"慈能致富"理念的指导下，更加热衷于自己的慈善事业。他先后成立了人寿慈善与文化教育的基金会，与此同时，他还捐赠了为大众服务的救护车与清洁车。不仅如此，他还巡回为贫苦居民提供免费的医疗服务，等等。

他的善良，受到了台湾地区人们的普遍称颂。

不可否认，商人的善举具有塑造形象的目的，而且也确实能收到这样的效果。但是，世界上有很多事都是义利不分的，我们可以认为蔡万霖是出于功利的目的才这样做，也可以认为他是做了这些善举，才得到了这些功利。

但有一点我们不得不相信：作为一个有战略眼光的商人，蔡万霖巧妙地将两者结合起来，而不是只取一端，这正是一位优秀商人的智慧所在。

也正是这种做法，使得蔡万霖得到了与其他同时期商人不同的回报。由此可见，一个慈善的商人，更容易获得自己想要的财富。

以"利"为命的商人们，都在不断追求自己的财富，而追求财富，归根结底也是为了生活幸福。那么，如何才能获得自己所求的幸福呢？古人劝诫我们在处世之时，应存一颗慈善之心，多做扬善之事，因为"慈能致富"。

目前，中国主流的企业家，经过20年左右的创业和发展自己企业的同时，也开始将更多的精力投注到企业的社会责任，包括公共利益当中去，来影响其他中小规模的企业和社会的其他方面。

冯仑认为，中国发展企业的社会责任虽然只有短短几年，但是中国企业学习和进步的速度非常之快。更重要的是，中国的企业已经意识到这是它们长期竞争力的组成部分，而且不能把它跟公司的商业活动截然分开，这样一个共识对于中国未来的商业进步，包括社会的进步有非常重要的作用。

02 取之于民，用之于民

对于商人而言，财富与慈善一直都相伴相生，无论哪一方面失去平衡，都会给企业造成一定的损失。

众所周知，洛克菲勒是美国著名的石油大王，他不到50岁的时候，便成了人人惊羡的亿万富翁。

然而在他的眼里，他认为自己只是这些财富的保管人，并没有独享财富的权利。于是他最常做的事就是捐钱给社会大众，每当他看见那些贫困的人得到帮助时，心里比自己花了那些钱还快乐。

因为洛克菲勒的乐善好施，使得越来越多的人都来找他捐钱。

有一次，在洛克菲勒捐出了一大笔款项之后，一个月之内，竟然有超过 5 万人前来请求他给自己捐助。

由于洛克菲勒要求每一笔捐款都必须得到有效地使用，所以每一件申请案都必须在仔细调查后，才能向外捐赠款项。

面对这些情况，洛克菲勒的助手说："您的财富像雪球般越滚越大，您必须赶紧散掉它，否则，它不但会毁了您，也会毁了您的子孙！"

洛克菲勒听完这句话，便告诉自己的助手："你说得很对，对于你说的，我也非常了解，但请求捐助的人实在太多了，我一定要先弄清楚他们的用途才能捐钱。我既无时间也无精力去处理这些事，请你赶快成立一个办事处，负责调查相关事宜，而我将根据你的调查报告，再采取行动。"

于是，1901 年，世界上出现了"洛克菲勒医药研究所"；1903 年，世界上成立了一个"教育普及会"；1913 年，世界上又设立了一个"洛克菲勒基金会"；到了 1918 年，世界上还成立了一个"洛克菲勒夫人纪念基金会"。

就这样，洛克菲勒一直都在不停地捐款，他一生之中，共捐了 5.5 亿美元。他的捐助，不是为了虚荣，而是出自至诚；不是出于骄傲，而是出自谦卑。

哲学家史威夫特说过："金钱就是自由，但是大量的财富却是桎梏。"洛克菲勒深知这句话蕴含的哲理，也正因为如此，他的一生从不做钱财的奴隶，而是积极地享受生活。

除了不断捐钱之外，他还喜爱滑冰、骑自行车与打高尔夫球，这也是他之所以到了 90 岁依然身心健康、耳聪目明的原因。毋庸置疑，没有"葛朗台"那样的情绪，他的日子过得非常愉快。

洛克菲勒逝世于 1937 年，享年 98 岁。他去世时，只剩下一张标准石油公司的股票，其他财富都在生前捐掉或分赠给了继承者。

像洛克菲勒这样一个心怀众生、慷慨大方的慈善型富豪，怎能不让人为他高尚的品德所感动、支持他的企业，又怎能不收获幸福的真谛呢？

在现实生活中，没有谁将社会责任强加给商人，但很多商人却主动承担了为社会服务的责任，而他们的这种善意，不仅使自己的事业获得了长足的发展，而且还真正实现了企业的社会价值。

"穷则独善其身，达则兼济天下。"不得志时就洁身自好修养个人的品德，得志显达之时则应该造福天下百姓。

在众多人眼中，李嘉诚被定位在"塑胶花大王""地产大王""超人"这些成功商人的形象上，在他取得成功后，用自己的余力去帮助他人、回报社会的无私奉献之举更是他受到人们尊重的原因。

也许很多人都认为，让李嘉诚最引以为豪的是他缔造的商业王国和积累的巨额财富，其实不然。他曾对众多人坦言，自己虽是一个商人，但首先是作为一个人，在他看来，尤其是成功的商人更应该做一个有利于社会的人。

若要问李嘉诚一生中取得的最大成就是什么，所有人都会想到他白手起家打拼出的长实集团，因为这是他一生奋斗的心血。

若谈及李嘉诚用精明的头脑所创下的众多商战杰作，最精彩的代表作应该就是他成功收购和黄，成为华人入主英资洋行第一人这件事。

但当李嘉诚本人谈到自己的众成就时，这些商场上的成功却不是他最引以为豪的，相反，捐资助学、兴建医院等公益事业才是让他感到最有成就的。

1987年，他捐赠5000万港元，在跑马地等地建立3家老人院。

1988年，捐款1200万港元兴建儿童骨科医院。并向香港肾脏基金、亚洲盲人基金、东华三院捐资1亿港元。

1997年，北京大学百年校庆期间，李嘉诚基金会向北京大学图书馆捐赠1000万美元，支持新图书馆的建设。

……

2009年4月22日，李嘉诚旗下长江集团、和记黄埔联合向2010年上海世博会中国馆捐赠人民币1亿元。

……

自1980年起，李嘉诚决定设立个人基金会。当年他把三分之一的资产，即超过90亿美元投放于基金会。2015年9月8日，胡润2015年华人慈善报告出炉，李嘉诚继续位列榜首。据统计，李嘉诚基金会至今已捐献超过170亿港元。

李嘉诚的善举与那种沽名钓誉的捐助行为是不同的，他之所以为社会慈善事业做出如此多的贡献，也是有一定的原因的，那就是他的生活经历，促使他发自内心地想为社会奉献自己的力量。

李嘉诚一家人在战乱时期来到香港，生活极其艰难，尤其是父亲李云经，从受人尊敬的小学校长，突然变成谋职困难、生活困窘的市井贫民，一家人也从此陷入了吃了上顿愁下顿的贫困生活。

贫寒的家境、病弱的父亲、生活的窘迫……这些刻印在李嘉诚脑中的儿时的景象，无时不鞭策着他奋进。成功之后，这些儿时的经历成了他奉献社会、帮扶屏弱的思想根源。

另外，被贫穷环境所迫而辍学，祖母和父亲因为没有条件医治而病逝，这些都让李嘉诚年轻时就立志发达之日一定要造福社会、改善教育及医疗条件。

人生几十载的感悟，让李嘉诚深深认识到教育及医疗事业对一个国家的兴旺发达具有重要而深远的意义，也由此坚定了他为国家文化及卫生事业奉献一己绵薄之力的信念。

李嘉诚第一次返回故里潮州时，看到家乡落后的教育和简陋的医疗设施，他感慨万千。

此后，他捐资兴办了汕头大学，又创建了汕头大学医学院附属第一医院、附属二院以及汕头大学精神卫生中心、肿瘤医院等，为家乡的医疗、教育事业做出了巨大贡献。

李嘉诚将利国利民的奉献之举视为自己人生的"第一大乐事"，支持教育和医疗是他对自己做公益事业的要求。而李嘉诚所做的这一切，都是因为他有一颗诚挚的爱国之心。

李嘉诚说："我开始创业的时候，原来打算做三年后再从头念书，但现在环境有所改变，我当然有点伤心。但我后来想通了，就是我一个人做医生也不过是一个人，假如我的事业成功，可能每年能培养一两百个医生，结果会更加好。这目标我达到了！"

在财富面前，很多人的虚荣心开始无限膨胀，甚至迷失，从而随意挥霍钱财。

李嘉诚没有因为自己手中拥有巨额资产而随意挥霍，也没有娇宠下一代，相反，他用从社会上赚取的钱财回报给社会，让自己的人生更加充实有意义。

由此可见，乐善好施才是商人的长线投资，具有敏锐"商业嗅觉"的商人，都懂得运用这种能带来良好社会效应的商业策略。

就其主观心态而言，商人也是人，也有七情六欲，也有仁义之心，所以对于弱势群体的帮助，会让他们感受到一种心理的平衡与内心的愉悦。因此，乐善好施，短线是安人，长线是安前程，最重要的还是安己，让自己获得一份心安理得的快乐。

03 担负起企业的社会责任

如果笼统说企业为了追求利润一定和社会责任发生冲突,不应该这样理解,这是一种统一,没有社会责任的企业一定不可能获得利润。

追求利润和企业的社会责任没有任何矛盾,我们理解的企业社会责任和现在讨论的企业家社会责任是两个概念。

一般来讲,企业的社会责任首先是遵纪守法,保证员工、保证企业的正常经营是合理合法的,比如盖房子不能偷工减料,产品的质量保证和对消费者的责任是企业最根本的社会责任,如果连这个都没有还谈什么企业责任?

在现代社会,企业管理者在管理企业时可通过多种方式参与慈善,承担起企业的社会责任,这也是企业提升自身形象的一种方式。

一个企业管理者只有具备强烈的责任感,对自己的人生和生活时刻抱着负责的态度,才能更坦然和无愧地面对自己的内心,带领企业持续不断地前进。

很多企业通过做慈善来履行社会责任,企业形象也因此得到彰显,企业品牌影响力得到提升。但企业的慈善行为也不能只是为了标榜自己,做慈善的前提是拥有一颗虔诚的心,如此方能得到大众的信任。

在西方,慈善事业是自下而上的,但是在中国,慈善是自上而下的。很多媒体认为中国的慈善是幼稚的,他们诟病最多的是企业家行善,而首当其冲的是高调的陈光标。

陈光标在十多年的时间里累计捐赠十多亿元人民币,这并不是所有富人都能够做到的,但是他在云南盈江地震灾区做慈善时,给每人发了 200 元，还让所有受赠者对着镜头举起手里的钱。

针对此事，南都公益基金会理事长许勇光认为这是一种慈善的暴力行为，是一种慈善的倒退。

所以，慈善不应该是为了标榜自己，把做慈善当成一种荣誉，应该把它当成一种社会责任，因为做慈善不该是为了生意上得利。

这就强调了慈善应有的一个前提——诚。如果有了做慈善的诚意，企业不妨借慈善的东风，为企业造势。

这样一来，企业管理者做好慈善就能够推动企业的发展，既造福大众，完成了自己的社会责任，又为企业自身价值添上了光彩的一笔，这就是我们常说的慈善营销。

企业只有坚持公众利益至上，才能得到公众的好评，使自己获得更大的、更长远的利益。对于企业管理者来说，用慈善进行营销不失为一种绝妙的企业营销方式。

由陕西万安药业有限公司主办的"女职工保健知识讲座"公益活动，从 2001 年到现在，在全国开展讲座 11 万多场次，直接听课女工达 500 余万人次，覆盖全国 31 个省、自治区、直辖市，泽及全国 3 万多个企事业、机关单位。

该事件被《人民日报》《公益时报》等多家媒体报道，被称为"中国最能坚持的公益活动"。

当时以生产女性卫生护垫"姊妹舒"为主要产品的陕西万安药业有两个选择：要么与其他同行一样，广告轰炸出一个名牌；要么踏踏实实走到女性健康第一线，用诚心铸造品牌。

万安药业选择了慈善营销，他们组织有充分临床经验的妇科专家，通过各级工会组织，向女职工讲解妇科健康知识。

那些通过广告轰炸的同行，很多都昙花一现了，万安药业却活得很好，名利双收。2009年，姊妹舒产品荣获全国唯一的"女职工劳动保护专用品"；2011年又荣获"陕西省著名商标"称号。

2014年9月，中国慈善捐助报告中列出的中国慈善排行榜单，民营企业占企业捐助总额的半壁江山，其中排在第一位、第三位的均为民营企业。

民政部资料显示，到2014年底，经民政部门登记的基金会有4700多家，年接受捐赠500多亿元人民币，年公益支出400多亿元人民币，用于救灾、扶贫、慰老等诸多领域。

在浙江省杭州市一家服装厂打工的罗郭芳，一年多前在医院产子期间被确诊患有血液疾病。当时她和丈夫的月收入仅4000多元，数万元的医药费让她一度处于崩溃状态。

2015年4月12日，就在罗郭芳无助的时候，她得到名为"母婴平安"慈善项目的资助。这一专项资助浙江省外来困难家庭孕产妇的医药费用的项目由浙江省中天集团设立，已使数千名高危贫困产妇得到了救助。

2015年4月28日，中国（2015）慈善榜在京发布，以2014年度实际捐赠100万元以上的企业或个人为采集样本，阿里巴巴集团董事局主席马云以124亿元人民币的捐赠额荣获新一届"中国首善"称号。上届首善是世茂集团董事局主席许荣茂。

身处现代社会，人们都迫切需要情感上的支持和慰藉，这不是单纯的物质所能带来的，而需要一种人文的关怀。因此，商人应重视完善自身的品德。慈善的范围是十分广阔的，不能仅立足于扬名，对合作者友善，对企业员工友善，对消费者友善，都会收到相应的回报。

总之，优秀的商人，就是要存一份慈善之心，而不仅仅把眼球对准"利"这个目标。

◆冯仑故事：多元和一元的关系

几乎所有优秀的本土公司都或多或少地进行着多元化的努力，而几乎所有优秀公司的危机和衰亡都与公司的多元化扩张战略有关。因为公司做大做强的出路只有两种：要么专业化，要么多元化。

事实上，很多公司是看到了多元化的好处，但是并不真正懂得多元化。万通也经历了盲目多元化的时期。

在完成资本原始积累后，万通便迅速进入快速扩张的阶段。1995年，万通的触角已伸进房地产、通信、服装、商业、信息咨询、银行、保险、证券等多个领域。

有媒体对当时万通的评价是："万通集团一脚踩在房地产，一脚踏在金融界。冯仑的战略布局是大手笔，但万通集团却未如日中天。"这句话深深地印在了冯仑的脑海里。

2008年，冯仑在一次演讲中曾谈及这一系列的多元化扩张，并明确表示这是万通犯的最大错误。随后，冯仑在"风马牛集中营"野蛮中国行——珠海站接受访问时说道：

万通犯的最大错误是1993年到1995年制定多元化的扩张……

我们当时多元化中一个是金融，从1993年到1995年是投资金融领域最多的，一家保险公司，还有民生银行、兴业银行、财务公司、租赁公司。拥有这么多金融机构，于是我们四处扩张，最终导致失败，

这是最大的一个错误。

1996年万通的反省会上，冯仑对所犯下的错误做出了深刻的反省。回忆这一年，冯仑说，1996年就是一个字——卖，力求轻装上阵。

经过多元化的失败和公司的人事变动，万通开始了专业化的自救道路。2003年，冯仑在新年献词《学习万科好榜样》中，明确提出要学习万科的专业化道路。

冯仑在《野蛮生长》一书中谈到了多元化和专业化的关系：

很多时候，人们关注万科，是因为万科的专业化。

万科由多元化转到房地产这个专业化，大家都看明白了。我现在最关注的是在房地产领域里，它怎么再专业化？因为仅就房地产业来说，能做的事实际上也非常之多。

万科能够走向专业化（这也是王石最重要的一个决定），这个战略决策十几年坚持下来，使万科能够走到今天，而且成为一个最具代表性的行业老大。不仅如此，他们已开始向全球住宅公司第一的高峰冲刺。

冯仑很欣赏万科的专业化道路，他也做了深刻的剖析：

那么，王石的房地产专业化究竟是怎么做的呢？

万科在房地产的专业化过程中实际上迈了三大步。第一步是相对于其他行业来说，他只做房地产，而不做别的。这是万科的初级阶段的专业化，这个专业化跟我们早期做房地产是一样的……

虽然这时王石做的是一个专业化的选择，但是他们的经验还是不够的，结果就变成房地产领域的多元化，实际就是大行业的专业化加房地产业内的一种多元化。

第二个阶段的专业化，是从1998年以后开始的。

从那以后，万科把住宅以外的产品都放弃了，把产品进一步集中到住宅开发上，同时在地区上也更加明确，主要集中在长三角、珠三角和京津这些经济发达地区。经过这一阶段六七年的努力，万科迅速成为一个全国最大的住宅开发公司。

万科由多元化向房地产专业化转变，再由房地产公司的多元化向单一住宅产品转变，使自己成为简单的住宅公司，最终再向精细化和产业化冲刺，每一阶段的进步都非常清晰，给人印象十分深刻。

在第一阶段，应该说它的绩效也是一般般；第二阶段持续了大约9～10年，净资产收益率在9%或10%左右；到2004年以后，净资产收益率每年都在14%～15%，且一直往上走。所以从专业化这个角度来看，万科走的这条路是非常值得房地产企业研究的一条道路。

除了学习万科的专业化以外，冯仑还在《大象和小鸟的启示》一文中明确指出，万通要走专业化道路，要塑造属于自己的品牌，而不是依靠垄断，依靠不成熟的市场机制。他说：

经常有媒体记者问我关于万通企业经营之道的问题，其实这也是我无时不在思考的问题。在房地产行业摸爬滚打了这么多年，当然也有一些自己的心得。我觉得公司有两种做法：大众式健身型与刘翔式专业型。万通做的是专业型。

大众健身一般是跑步，有四个特点：一、标准自己掌握；二、没人评判；三、想练就练，想停就停，随意性大；四、动作简单。

专业运动员与大众健身的不同在于：一、标准公开；二、优劣由别人评定；三、常练不停；四、姿势科学。

房地产是一个专业化很强的行业，在未来的竞争中，那些走专业化道路的企业必然会获得更高的利润，也更有发展潜力。

在这种趋势的影响下，地产公司必须做到专而精。万通地产就一直在朝着这个方向努力。

◆冯仑启示：

01 做最擅长的，放弃不擅长的

管理学大师德鲁克也一直在强调发挥优势胜于弥补劣势。

成功就必须集中经营焦点，以小博大就必须集中经营焦点，把所有精力投放在最有希望成功的事业上。

企业开拓市场要懂得焦点策略，这需要注意三个方面：

· 聚焦你最擅长做的事

· 聚焦你的 VIP 客户

· 聚焦你的高利润市场

也就是说，你必须放弃你不擅长的事情，必须放弃你的劣质客户，必须放弃你的低利润市场。

麦当劳是运用焦点策略很成功的案例，它把焦点只放在 25 项产品上。试问，中国哪家餐厅只有区区 25 道菜？但是有哪家餐厅能有麦当劳的规模？有哪家餐厅能有麦当劳的利润？

那么在它 25 项产品中，最赚钱的是什么？不是汉堡包、麦香鱼、薯条，而是可口可乐。

如果按照常人的思维，肥水不流外人田，永远想一切都自己来做，那么麦当劳就不可能有今天的规模。你什么都做，却可能什么都不是。

湾仔码头水饺在香港已是家喻户晓，老板臧健和也因此被誉为"水饺皇后"，并被媒体评选为香港25名杰出女性之一。

臧健和曾经说："创业时一定要有一个真正属于自己的好产品，一个能够赢得顾客口碑的产品，一个让顾客在你的小店里排队的产品。有了这样的'拳头'产品，你才有可能闯出更大的天空。"

20世纪的最后20年，可谓香港的黄金时期，炒楼炒股，沸沸腾腾，就是想不发财都难。而这20年，也是臧健和从创业到成功的20年。

可为什么在到处都是商机的香港，臧健和却一直紧抱着几元钱一袋饺子的小生意不肯放手呢？

这正是臧健和的赚钱智慧之一——做自己擅长的事情。

这是她自己在创业中的感悟。当房产股市风起云涌，一夜暴富者层出不穷时，臧健和也不是没想过在金融地产的财富之海中打捞一笔，满载而归。

那些年里，她也买过股票，但并没有赚到什么钱。她买进某股的时候是80多港元，后来涨到100多港元，经纪人建议她抛，可她却觉得还是等一下再说。结果这一等，反而跌得惨不忍睹。

炒房她也尝试过，但似乎比炒股更不在行。

臧健和第一次买楼是1983年，住了11年，30万港元买进300万港元卖出，算是赚了一笔。后来她买的这个房子比较豪华，1994年底的时候买进花了1500万港元，到1997年的时候它已经升到2500万港元了，但她因为种种原因没卖，因此错过了好时机。

经过无数次尝试，臧健和渐渐地明白了，既然她会包饺子，就要把包饺子当成自己的终生事业，把它做好，并且自己也有信心、有能力把它做好。

别的呢，既然不是办不好就是不明白，而且还会因分心而影响到自己的生意，那就干脆不做，专心专意地包饺子。

包饺子的确是臧健和最擅长的事。

臧健和最初做水饺是典型的北方包法，皮厚、味浓、馅咸、肥腻，后来她针对香港人的口味，不断地加以改进，薄皮大馅、鲜美多汁的水饺终于得到了顾客的认同。

有一段时间，每天都会有数十位顾客排队等在湾仔码头的摊档前吃水饺。

后来臧健和在给香港大学生讲课的时候告诉他们："要做自己擅长的事情，不要做自己不熟悉的东西。要做比较有把握的事情，但要敢担风险，因为这样的风险是你能承担的。"

一个人如果具有强于别人的核心优势，他就可以做到出类拔萃，一个企业也是如此。但核心优势是什么？

管理大师德鲁克说："核心优势，能将生产商的特别能力与顾客所重视的价值有效地融合在一起。"对于企业管理者来说，明确企业的核心优势至关重要，它关系着企业的前途命运。

当一个经济体还处于卖方市场的态势时，企业的生产和经营的多元化，是企业迅速扩大生产规模、提高经济效益、增强竞争实力、规避和分散风险的重要途径和策略。

具体到我国，直到改革开放初期的20世纪80年代，还有不少民营企业因奉行多元化而走红，人气两旺。因为那时我国经济正处在疲软状态之中，卖方市场竞争乏力，技术和服务水平都比较落后，洋货进来的不多，消费者的要求也不高。

对这些企业来讲，不是自己熟悉和擅长什么就干什么，而是不管干什么几乎都能赚钱，甚至赚大钱。如有的本来搞小本生意的工业，在这种千载难逢的暴利诱惑下，转而搞宾馆、酒楼、旅游、房地产，甚至跨越几十个、上百个行业，什么都想搞。

生产和经营的多元化，成为当时众多民营企业所追逐的"时尚"。

可是，市场是在发展变化的，20世纪80年代每个行业的空隙多，90年代每个行业的企业多。而在市场竞争趋于激烈的今天，进入任何一个行业（尤其是已经存在知名品牌的行业），都要付出很高的成本。

春兰集团1995年的空调销售额为50亿元，超过其他对手的5倍。这时，春兰集团没有继续在空调行业中开拓创新，巩固和扩大自己的优势，而是大举进入电冰箱和摩托车行业。

众所周知，这两个行业都面临着产量持续快速增长与厂商间竞争激烈的环境，其结果是，春兰冰箱与春兰摩托恐怕并没有在真正意义上取得成功，而春兰空调在空调业中的绝对优势也丧失殆尽。

任何人的智力和精力都是有限的，企业也是这样。

对于一个企业特别是民营企业来讲，如果把有限或极为有限的精力、智力、时间集中办一件事，往往事半功倍；否则，随心所欲，四面出击，八方应付，力不从心，结果事倍功半，甚至全盘皆输。

在这点上，一些西方企业已经走了不少弯路，所以它们十分强调专业化发展。例如，奔驰前任总裁曾想让奔驰公司变成一个全球最大的科技公司，为此他收购一个军火企业、一个航空企业、一个电子企业等（当然这些都是高科技企业）。

结果怎样呢？家家亏损，只有老本行汽车业赚钱。以盈补亏，留利不多，日子难过。后来原总裁引咎辞职，新总裁上台，算了一笔账，1999年，整个集团亏损76亿马克。

为了扭转这种局面，新总裁痛下决心，把航空、电子、高速铁路等公司全部卖掉，只保留自己的强项——汽车业。

之后，奔驰很快东山再起，接着收购了美国的克莱斯勒公司。

成功的企业大都不会盲目多元化，它们坚持专业化，绝不放弃自己的核心竞争力，它们认为专注才能永恒。全球500强大多是走专业化道路发展起来的，都是以一业为主并在一业称雄的行业企业领导、行业巨人。

当然，强调企业专注于主业，并不是说企业不能多元化，而是应该审慎对待多元化。企业家要运用核心思维，以主业为中心，按照不同阶段、不同市场环境采取理性的多元化经营策略。

在国内，格兰仕是搞专业化的，由于产品物美价廉，占有国内微波炉市场60%～70%的份额。

中央空调的老大是远大集团，"远大"人在总结自己成功经验时深有体会地说："创造型企业成功的一个基本要素是使企业所拥有的各种有效资源实现最佳结合。企业的资源是有限的，而这种有限的资源是在发展过程中持久、连续积累起来的，来之不易，我们必须把它们集中起来，进行有效使用，所以我们始终坚持走专业化发展道路。"

这些事例，提醒我们所有的企业家注意：你们的企业在国内外的同行中，处于什么地位？如果不是名牌，不能成为一流或二流产品，那你就准备失败、准备下台、准备自食苦果。

但不容置疑的是，产业上的专业化经营并不排斥产品结构的多元化。

进一步讲，如果企业在人、财、物等方面已经聚积到相当的规模，并具有一定的扩张能力，可以考虑首先向与自己相关的边缘产业，包括自己上下游的产业或企业渗透和发展。

这样做的好处是：一来可以使自己的部分设备得以充分利用，有利于发挥技术的潜力；二来可以使自身的品牌得到延伸，进一步扩展自己的名牌效应；三来可以最有效地利用已建立起的销售网络及其人力、物力和财力，节省销售成本，提高盈利。

对此，我们不能简单地把它叫作多元化，而只能叫作在原专业化的基础上的延伸或扩张。这是符合产业发展规律的，因而是合理的。

专业化与多元化是辩证的而不是绝对对立的，在产业结构尽量争取专业化的同时，产品结构和相关产品可以是多元的。

02 凡事成于一，败于二、三

瑞士最有亮点的产业是钟表业。

瑞士钟表业领航全球的秘诀，也许并非为一般人所了解。据估计，全球每年生产12亿～13亿只手表，2013年中国出口约6.3亿只，日本大概生产5000万只，瑞士差不多生产3000万只。

尽管瑞士表在数量上不占优势，然而在产值上却独占鳌头。

仅以2000年为例，全球钟表交易额94亿欧元，瑞士就拿走了其中的62亿欧元，远远超过其他竞争对手，其出口手表平均单价为377美元，中国仅1美元。

瑞士钟表成功的秘诀在于，它发展的是具有品牌地位的现代作坊制度，以其精湛的设计、昂贵的手工艺，领先于其他国家的现代化机械生产。虽然相对来说，生产规模小，但它们更专，更精。

瑞士大约有7.7万名钟表工人和精密手表仪器技师，他们每年能制作出出口价值90亿美元的钟表。但在该国650家钟表公司中，仅有10家雇员超过500人，一般只在60人左右。这就是现代手工业作坊的优势所在。

在做专、做精、做品牌方面，瑞士钟表是世界上的一面镜子。一块表，它们做了200多年，做出了令人艳羡的大品牌。一把小小的折叠刀，它们居然也做了100多年，做成了尽人皆知的"瑞士军刀"。

美国500强企业的前10名里有两家分别是石油公司、汽车公司，另外有零售公司、金融公司、技术公司，还有通用公司。

全美国十大企业中就只有通用这么一家是多元化发展的企业，可见，通用的成功不是多元化的结果，不能作为多元化发展的企业案例典型。

要做好企业首先应做一个一句话就能说得清楚的企业，如果一句话说不清楚，这家企业就有点儿问题了，就表示多元化发展得太夸张。

有人问过比尔·盖茨，问他既然能把电脑软件做得这么成功，为什么不开始做电脑呢？

比尔·盖茨说："噢，不，软件和硬件差太多了。"比尔·盖茨能够把微软做成软件第一品牌，可他连电脑都不想做。

其实，微软如果做电脑，即使从软件跳到硬件也还都是在IT领域，他却还说软件和硬件差太多了，可见多元化发展是多么困难。

春都，曾经以"会跳舞的火腿肠"红遍大半个中国，市场占有率达70%，资产达29亿元。

也许成功来得太容易了，公司经营者头脑开始膨胀发热，他们在较短的时间内迅速上马养殖、饲料、包装等传统项目，闪电出击医药、茶饮料、房地产等行业，投巨资，跨地区，收购兼并扭亏无望的企业，使其经营范围涉及多个不同的行业。

由于多元化，造成产业毫无关联性，春都很快为此付出了惨痛的代价——负债累累，火腿肠的销量也直线下降，市场占有率狂跌至不足10%。而后起的双汇现在已经远远超过春都。

韩国大宇集团，曾经是经营范围涉及贸易、造船、汽车、通信、建筑、机械制造和金融等领域的韩国第二大产业集团。

由于其过度多元化和盲目扩张，特别是进入20世纪90年代后，为了实现其"世界经营"战略，在东欧和第三世界大肆收购濒临停产的汽车厂，在其扩张高峰时，曾创下每三天接管一家企业的纪录。

到了1998年底，大宇在世界各地已经拥有41个子公司，成为一个拥有396个海外法人和15万员工的跨国集团。

大量的收购，必然需要投入大量的资金，此时，大宇集团已负债500亿美元，超过其净资产的5倍。

到了1999年，大宇集团陷入严重财务危机之中。2000年10月，在大宇集团的主要债权银行向它发出偿还3900万美元巨额贷款的最后通牒后，大宇集团因无力偿还，被迫宣布破产。

割舍是很困难的，但却是成败的关键。你必须致力于割舍无法主导的市场，就像你想扩大企业的规模和版图一样。

有许多企业就是因为背负太多，才导致经营困境。

在新的商业背景下，再去运作那种"大而全"的企业，是难以获得经营优势的，而那些"小而精""小而专"的公司却反而容易形成核心竞争力。

在产业链不断细分的时代，能够专注于自己的核心能力，并与产业链上下游企业结成合作关系的企业，将获得远比自己独立经营大得多的能量。

1996年，弗兰克·瑞鲍接管法国食品集团达能时，该公司的产品线包括意大利面、婴儿食品、啤酒、酱料、调理包等。后来，除了依云矿泉水、饼干及乳制品，其他的产品都被弗兰克放弃了。自此，达能集团成为矿泉水和酸奶的主导厂商。

尽管退出了许多既有市场，该公司2005年的营业收入却高达164

亿美元，比之前高出许多，核心业务快速增长5.7%，390亿美元的市值也比以前更健康、坚实可信。

万向集团专心致志做精汽车万向节一个产品，而迅速发展成为拥有万向节传动轴、滚动体产品生产规模全国第一，轴承、减震器等驱动轴承市场占有率处于国内前3位的行业领先企业。

英国联合利华有限公司是一家消费公司，它的品牌涉及红茶、调味汁、沙拉酱和清洁用品等领域。

为了优化公司产品业务结构，提高公司的经营能力，1999年联合利华公司开始实施一项"成长之路"的计划，即重组或剔除其中业绩表现不佳或缺乏发展前景的品牌，以将资源集中在有市场优势的品牌上，加快企业的成长。

按照这一计划，联合利华将其品牌从1600个精简到400个，从而使企业的资源更加集中，优势更加突出。

古话说："凡事成于一，败于二、三。"企业只有将其所拥有的资源，集中在自己最擅长的核心业务上，形成自己的核心竞争力，才能够建立起企业在市场上的竞争优势，才能够保证企业健康、高效率地发展。

03 什么都想干是不行的

任何一个产品，都有一个生命周期，对于成熟的产业或产品，如果在市场中已没有发展前途，不能够果断放弃或及时转型，其结果只能是举步维艰，并失去发展机遇。

英特尔公司以生产半导体存储器起家，并最早成功开发出世界上第一代动态随机存储器芯片（DRAM）。早在20世纪70年代初，一次偶然机会，英特尔公司就发现了一种微处理器，但当时 DRAM 芯片是公司的主要利润来源，公司的主要资源都集中在 DRAM 芯片业务上。

20 世纪 80 年代，由于市场变化，DRAM 芯片由公司利润最高的产品变成利润最低的产品，而此时的微处理器市场却显示出良好的利润增长势头。

为此，英特尔公司对企业内部资源进行了重新整合，将公司的主要资源转移到了微处理器上。

1984 年，当公司陷入金融危机时，他们果断地停止了微利的 DRAM 芯片生产和开发，而全力以赴专注于微处理器业务，并取得今天的成功。

当数码成像技术刚出现时，柯达并没有意识到其对传统照相技术的威胁，而是高估了自己在传统成像市场上的优势和市场发展的潜力，并决定在中国和印度等中低收入的国家继续开发市场，因而延误了对数码产品的开发进程，使佳能和索尼抢先了一步。

1955 年，全美国有十大著名的真空管企业，到了 1975 年只剩下两家，原因就是其中的大多数企业缺乏战略转型思维和能力，或只注重眼前获利尚可的真空管市场，或虽然意识到电晶体潜在的巨大市场，但由于企业缺乏相应的转换能力，而没有及时把握住机遇。

日本松下电器公司在选择进入的领域时，十分重视其技术和市场的相关性，他们利用所掌握的核心技术开展多元化业务，如早期从事生产车灯、电熨斗、电炉和电热器等小家电产品。二战后，则采取委托生产方式，开始生产电风扇和洗衣机。后来，又与飞利浦公司合资引进电灯泡、日光灯和电子管生产制造技术。20 世纪 50 年代，则生产音响器材、电视机和通信器材等。

与国外相比，国内一些企业，更多表现出一种鱼和熊掌兼得的思维，既想搂着这个，又想抱着那个，哪一个都不愿割舍。

面对新兴的市场，企业如果不能忍痛割爱，放弃多年苦心经营培育起来而现在已没有优势的产品和业务，最后，因无效地投入，造成沉没成本越来越大，将会使企业的有效资源变成一堆废铁，导致企业从辉煌走向衰败。

比如前几年在空调市场上风光无限的奥克斯，现在上了浙江省首批信用破产企业"黑名单"。

为什么明星企业会遇到这样的问题呢，缘自企业盲目的多元化。奥克斯汽车、奥克斯手机、奥克斯地产，导致企业资源消耗殆尽，缺少核心竞争力而功亏一篑——奥克斯汽车没有卖出几百辆，就宣布破产了。

在主业还没有做强做大做精、市场地位还不稳固的同时，却指望把手中的一个鸡蛋放在几个筐子里都能孵出金鸡来，往往是不现实的。

博诺德公司是一家中央空调企业，生产大型空调机获得了巨大的成功，但是这并不意味着小型户式空调也能成功。所以，尽管它投巨资使用了机器人等先进设备，并进行了大量的广告宣传，但由于质量不过关、价格贵和缺乏科学管理等原因，并出现了"舒适技术"不舒适，市场不认可，生产没能创造需求，只能停产。

所以说，能做钟，不一定能造表。

五粮液公司能生产国内一流的酒，就能生产计算机CPU？广东一家企业做家具发了财，听说种桉树赚钱，就搞一个农场种桉树。结果树没有种好，家具总也跟不上形势……什么都想干是不行的，有舍才有得。

杰克·韦尔奇曾说过，通用的最大贡献，是拒绝了至少1000次的投资机会。

1984年万科公司成立，主营电器仪器贸易，进口日本产品，如索尼、松下、JVC，同时兼营其他业务。旗下拥有服装厂、手表厂、饮料厂、印刷厂、K金首饰厂，基本是什么赚钱就做什么。

王石曾经这样介绍早期的万科："以前万科是在产品选择方向上出了问题，所以过往的发展才比较反复，直到2002年才真正进入高速增长期。"

1993年，万科开始着力做减法：

一是从多元化走向专业化，万科的主营业务到2001年迅速削减至只剩房地产。

二是房地产开发的区域从15个城市强行压缩至5个城市，万科开始专注于做房地产。

从一个万金油公司到专注于房地产的公司，万科完成了它的减法。

万科在这个反复强化的目标集聚过程中，使自己的核心竞争力得到了同步提升。专注成就了万科，也使万科不致重蹈春都、巨人、太阳神这些企业的覆辙。

利润之舟是在大海航行的必备工具，缺乏利润之舟，航行会失去方向，最终只能葬身大海。

企业可持续发展，必须找到利润之舟。而发现市场价值、关注客户需求将会使企业很容易找到利润之舟。

◆冯仑故事：企业与人才的关系

对于用人，冯仑认为，只有没有把这个人放对地方的领导，而没有不对的人。一个人在岗位上发挥到最好，达到组织对他的预期，这个人在这个岗位上就是人才。

冯仑认为，用人最忌讳的就是用一个错一个，在安排一个人承担大的责任之前要给其很多机会来适应。

人贵了就不能用错，我们对人的研究花了很多时间。用人最忌讳"滑楼梯"，部门经理走了用副经理，副经理走了用员工。上帝心大，闹个地震也不当回事，农村妇女把鸡蛋打了就呼天抢地，心小了事就大，心大了事就小。

一个员工，原来心很小，你忽然提拔他当经理，他压力会很大。我们如果提前给他很多机会，让他把视野放宽，就容易胜任高层的工作。无知是恐惧的开始，经验足够就可以淡定了。

冯仑强调员工是公司最重要的资产。

用好的机制选拔人、用价值观引导人、用好的工资福利来保障人、用好的事业来发展人，这几个环节非常重要。

坦白地讲，早几年前说这些话还有些应景，因为那个时候，竞争的不是"人"的能力，可能当时谁的爹是土地局长，他就是人才。

而现在则不然，人成为公司第一位的成本。作为一个企业领导者肯定要盘算最贵的这些东西，现在对人是发自内心地重视，就像宝石一样，越贵重就会越珍惜，这不是我突然发了一个大慈悲，而是因为员工确实变成了公司最重要的资产。

怎样将公司业务的调整和人才战略的变化结合起来，冯仑的做法是，对人才战略要有预见性，站在未来的需要选拔有潜力的人才。

我们干的事业要发展，发展就要站在未来，未来是一个大的格局，必须找一个人一开始就有这样的承载能力，然后加以培养，就可以把事情做好。比如，我们的非上市公司选拔总经理，在公司创办的第3年，我们就送他去美国了，6年以后他回来，公司正好需要他。

我们认为这种人不是猎头公司可以找到的。

公司20多岁的年轻人，看谁有潜力，就准备安排他们先去外面适应更大的舞台。

对于万通高层人才的选拔，冯仑非常重视，教师出身的他喜欢从人性的角度上去品人。

万善人为首、德为先。通常这些人的薪水不是最重要的问题，而是价值观。王石是威权型的，因为是军人出身，我是老师出身，我的角色就像个牧师。我会和他们不停地说，并用制度保证沟通。我用人，并不是我比大家高明，而是因为董事会赋予我的工作就是选择，这种能力的培养实际上也走了很多弯路。

早期的时候，还讲究"品人"。比如说，早期法律约束非常少，这个人会不会和别人做黑箱交易，这都要品。品要从小事来看。

把握人性需要特殊的时间和地点。比如说素质，不拼刺刀的时候看不出素质。突然来了个老外，让我们接待，有的人英文好，有的人英文不好，有的人英文不好也能接待好，这就体现出了素质，没有这个突发事件，大家看起来都一样。

对人的认识是一个过程,我喜欢看历史,透过历史更容易掌握人性。人要画皮、画骨和画魂,把人品到骨和魂需要经常性地进行观察,而后把他放到适合的位置上,再把周围的几个人沟通好,这样的组织就比较稳定。

很多企业领导人总有这么一种感觉:熟人多了好办事。但是冯仑认为,不一定用熟人就能给企业带来利益,相反可能会给你带来很多成本上的过度支出。

中国人认为人际关系节省成本,但是,我研究了大量中国的人际关系和财务报表,发现人际关系往往事后会花更多的钱,搭上更多的时间。相反,守规则却省钱。制度实际上在于流程,制度是节省成本的。

很多企业领导人即使明白了这个道理,也难以做到摈弃"熟人文化"。冯仑说:

做公司要尽量培养"生人文化",而不是"熟人文化"。中国企业不能令行禁止,就是因为大家都是熟人,制度没法执行。西方在这一点上就比较好,都按照制度办事。

冯仑认为,职业化能够解决"熟人文化"这一问题,职业化提倡"生人文化":

我觉得在公司内部要尽量培养"生人文化",而不是"熟人文化",中国的企业为什么制度不好执行,就是因为大家都是熟人在一起,制度没法执行。西方在这一点上就比较好,都是"生人心态",都按照制度办事。

到目前为止,万通内部的熟人只占到公司员工的10%以下,冯仑理想的状态是一个熟人都没有,全部都是生人才好。

◆ 冯仑启示：

01 重用人才，人才很重要

人力资源是当今世界所有资源中最宝贵、最活跃的资源。

在市场竞争中，没有哪个企业能在一群平庸之辈的手中得以发展壮大。因此，人才是第一生产力，一流的企业必须依靠一流的人才。人才就是企业的生命力，人才就是企业的新鲜血液。

任何一个企业，都是由人组织起来的，财富也是人创造出来的。但企业与企业的不同在于，有的企业是乌合之众，有的企业是精兵良将。选对人，用对人，对一个企业非常重要。

美国流传着这样一则故事：

福特公司是世界著名的汽车公司，它发展迅速，享誉全球，与公司总裁福特器重人才、求贤若渴的做法是分不开的。

有一次，福特公司车间一台很重要的马达运转不正常，公司的几个技术员查来查去，怎么也找不到故障。电机修不好，直接影响了很多工作，于是只好请另一家小公司一个名叫斯坦曼的人来修。

这个人绕着马达看了一会儿，又仔细听了听马达运转的声音，然后关掉电源，指着电机的某处说："这边的线圈多了16圈。"

果然，等把16圈线去掉后，电机马上运转正常。电机连拆都没拆

就准确地指出线圈多了16圈，可见斯坦曼技术之高超。

福特见此，便邀请斯坦曼到福特公司来，并以高薪许诺。但斯坦曼不为所动，说自己所在的公司对他很好，他不能辞职。

福特马上说："那么看来我只有把你那家公司买过来，你就可以到这边来上班了。"最后福特不惜重金买下了那家小公司，不得已斯坦曼也只好跟着过来了，福特终于得到了这个优秀的人才。

福特为了得到一个人才，竟不惜重金买下一个公司，他求才若渴的举动其实并不难理解。因为市场的竞争归根结底就是人才的竞争——产品需要人去开发，设备需要人去操作，市场需要人去开拓。

人力资源是企业最重要的资源，人才意味着高效率、高效益，意味着企业的兴旺发达。没有人才，即使硬件再好，设备再先进，企业也难以发展。

人才是企业的核心资产，善于用人的企业家，都明白"非常之事，用非常之人"的道理。

在工作中，我们经常会听到这样的一些话：

"三条腿的蛤蟆不好找，两条腿的人哪里找不到？"

"中国没别的，就是人多。"

"少了谁，地球都能转。"

说这些话的人，下意识地暴露了一个本质，那就是从骨子里根本不尊重人，认为人的价值可替代性非常强。

一般来说，我国企业界存在着以下几点用人的错误观念：

错误观念之一：有钱就有人才。不错，吸引人才和留住人才最普通的方法就是付给高工资和提供优厚福利。但是，很多研究已经证明，很多企业和组织在吸引和留住人才上，报酬并没有起到太多的作用。

在谈到职业忠诚度问题时，调查表明，提到最多的是公司给他们的自豪感和对公司最高层人员决策能力的信任感，而报酬排在第三。

错误观念之二：人才市场有的是人才。经常可以听到有些老板说："你走吧，你不干，有人干，而且比你听话，还干得好。"可是，他们不懂人力资源的观念。

在中国，人才市场有两个：一个是普通工作人员的市场，供大于求，你想招一个普通工人，应聘者多的是。另一个是懂技术、懂管理、有理念的人才市场，需大于供，例如，你想招一个负责预算决算和计划战略的财务总监，那可就不容易了。

错误观念之三：人才是蜡烛。很多企业不将人才看作资源。广州一家民营企业为查找丢失的一包线竟搜遍所有纺织女工。这些单位存在"只用人，不养工"，将人看作成本而非资源。

错误观念之四：留人是人事部门的事。事实上，所有的管理者很大程度上都是人力资源管理者，而不仅仅是人力资源管理部门的事情。

冯仑在杂志《风马牛》里发表文章，就谈了企业用人的问题：

人无废人，器无废器。把合适的人放在合适的地方，人人都是人才。如果一个司机，路熟、精神好、身体棒、懂礼貌、反应快、随机应变的能力强，那他就算是这个岗位上的人才。

你让手无缚鸡之力的人天天拿着刀看大门，贼一来他就跑了。可你不能说他不是人才，让他回去写文章，没准儿能成个作家。

那么，尊重和争取人才靠什么？光有钱一定是只有物质上的财富和行动上的相对自由，而最重要的是要有道德。有道德、有修养才能得到社会的承认，得到别人的尊重。

一个人如果又有钱又有道德，同时又很有能力，让大家相信跟着你能不断进步，跟着你不但能成功，而且能克服很多别人克服不了的困难，这就是你能力的最好体现。

张瑞敏是老三届学生，参加工作是从"被领导"开始的。他深知单凭领导印象、感觉的好恶来提拔干部，往往会弄错，而且容易挫伤大多数人的积极性。

到张瑞敏在海尔当了领导，他就想一定要创造一个完全公平竞争的空间，给海尔每一个愿意干事的人才以发挥才干的舞台。这就是海尔跟其他企业不同的地方！

在海尔，无论什么员工，只要对海尔有贡献（如一些小的改革、发明等），海尔就要对其进行奖励，因此使每个员工都想办法实现自身价值。在海尔，管理者与被管理者之间，被管理者需要管理者给予的东西很简单——公平。

张瑞敏认为，在企业里最可怕的是每个人对企业的发展都漠不关心。在海尔，员工干得好，领导要看得见；干得不好，领导也要看得见。

1998年，海尔健康型冰箱刚推向市场，就受到广大消费者的喜爱，特别吸引大家目光的是包装箱图案设计：两个活泼可爱的"海尔兄弟"拿着气球在欢快地奔跑。

包装箱图案为淡绿色，设计新颖，蕴含健康含义。让人想不到的是，参与设计人之一的黄蔚竟然是刚进厂的1998届实习生。更令人想不到的是，她还独立设计了燃气灶灶具面板，投入生产已产生了经济效益。

是什么让黄蔚有如此作为呢？黄蔚说："在海尔不论资排辈，企业为每个人提供了广阔的发展空间，自己为何不把握这个机遇呢！"

白天，黄蔚在车间实习，下班后她就来到科研所机房里，对健康型冰箱包装箱进行反复的设计。包装箱图案设计获通过后，深受鼓舞的她，又自告奋勇承担了灶具面板的设计。

现在黄蔚又通过竞争到技术中心工作了。她感慨道："与在其他企业工作的校友比较起来，我是幸运的，因为海尔公平、公开、公正的赛马机制激发出了我的活力，让我无憾此生！"

无论是对人才的选拔、考核，还是对人才的激励和培训，海尔都做到了平等待人、择优选人，充分释放了每一个员工的生命潜能。

在用人环节中，企业管理者还要处处关心、关爱和关怀自己的员工。"于细微处见精神"，要让员工体会到领导对他的关怀，要让下属有企业是家的感觉。

在古稀之年，东芝总裁土光敏夫经常亲临工作现场视察，他跑遍了公司在全日本的工厂，即使在节假日也要到所有工厂去转一转。

他平易近人，能与所有的员工倾心交谈，打成一片，因此他和公司里的职工建立了深厚的感情。

一次，在前往姬路工厂的途中遇上了倾盆大雨，但他坚持赶到工厂，并在雨中和职工亲切交谈，并反复阐述"人是最宝贵的财富"。

职工们认真倾听他的每一句话，激动的泪水和着雨水在他们的脸上流淌。此情此景，震撼人心。

当他将要乘车离去时，工人们将他的车团团围住，敲着他的车窗高声喊道："社长，您放心吧，我们一定努力工作！"

面对这些工人，土光敏夫热泪盈眶。他被这些为自己的企业而拼搏的职工深深打动，从而更加爱护职工、关心职工。

企业利润的产生来源于企业在市场的竞争，然而，企业竞争的背后，真正比拼的是人。因此，只有给人才机会，才能给竞争创造机会，才有利润产生的机会。

日本的松下电器公司松下幸之助说"出产品之前先出人才"，联

想的柳传志说"办公司就是办人才",丰田公司曾说"只有不断给人才改进的机会,才能使员工建立献身精神"……这些闪烁智慧光辉的至理名言,都无不透露出一种理念:人才很重要!

02 企业如何识别人才

古往今来,经商的宗旨都是要以人为本,那么应该如何选人呢?这是摆在老板面前的一个很重要的问题,因为不管在什么领域,用人是否恰当,都是决定经营成败的重要因素。

也许,我们还没有找到合适的人选,也许,适合我们的人选已经流失,但信奉家族式企业,奉行"任人唯亲"的政策,一定不是一个明智的选择,势必会不利于企业的发展。

在电脑的发展史上,王安电脑公司曾经辉煌过,但最后也如昙花一现而过。

1980年,王安公司在世界105个国家及地区设有分支机构,营业额达到30亿美元。与此同时,创建这家公司的王安也获得了16亿美元的财富,并被列为当时美国的第五大富豪。

1986年7月3日,王安又荣获美国的"总统自由勋章",1989年再次荣获"美国发明家勋章",这是华人在美国的最高荣誉。

然而,让人始料未及的是,如此庞大的一个企业,却由于内部领导人管理不善,最终走向了覆亡。王安电脑公司之所以失败,也许与其在市场预测、产品开发及定位上存在的偏差有关,但是其最大的失败根源,在于王安任人唯亲的用才观念,以致人才大量流失。

作为公司最高决策人的王安,始终抱着由他一人或一家控制公司的想法。在经营公司的过程中,王安一再强调,他绝对不愿意丧失公司的控制权,进而让外人糟蹋了自己多年苦心经营的公司。

在这位商人身上,表现出了一种非常典型的事业、家庭观念。当他的后人被证明不适合继承事业时,王安仍旧固执地坚持自己的选择——让无德无才的长子王列接班。

王列大学毕业之后,便在王安电脑公司度过了几个夏天,并被轮流安排在公司的各个部门去实习,名义上是让他去接受锻炼,其实如此安排另有目的。目的之一就是让儿子先熟悉公司的人事与环境,再则是为了让他接触、了解公司里的一个名叫约翰·卡宁汉的人。

约翰·卡宁汉是王安电脑公司中非常优秀的人才,他与创始人王安一起制定了使公司快速发展的策略,因此很受王安的器重。更重要的是,他是王安家族之外唯一一位能影响王安决策的人。

当时,很多人都认为是卡宁汉使公司取得了成功,他应该是带领王安电脑公司进入21世纪的最佳人选。但他却并没能像人们所预期的那样被推上领导的位置,原因是他不在王安家族成员之列。

1986年1月,王安任命36岁的王列为公司总裁,董事会的成员们都担心王列缺乏领导经验,纷纷劝说王安招聘一位专业、富有经验的经理人来管理公司,以避免让王列这样缺乏经验的人进入管理高层。然而,王安却一意孤行,坚持让王列接班。

1986年,王列正式接手王安电脑公司后,公司一年竟然亏损了4亿多美元,公司股票连续三年下跌。

王列不像王安那样,可以从多年的奋斗中积累到足够的经验,也不善于从实践中去学习,更没有王安那样的开拓精神和个人魅力,因此,他无法赢得员工们的支持与信任,他在复杂的商场中显得十分幼稚与脆弱。

当风暴来临时，企业被王列搞得支离破碎，以至于最后走向了崩溃。

任人唯亲，是许多经营者的致命硬伤。王安电脑公司就是最好的证明：作为最高决策人的王安，在企业的经营管理中，片面强调家族企业的家族继承性，他利用自己的铁掌控制，坚持将公司领导权交给了自己没有才能的儿子，最终导致企业的垮台。

不过对于商人而言，如果亲友中有志同道合、有才有德的人，理所当然要提拔他们。

人性是多面的、复杂的、易变的。笑脸可能暗藏奸诈，握手可能潜伏杀机，朋友常会背叛，手足也会反目。

识人可以从大处来察看，也可以从小节来入手。可看站相，听谈吐，看办事，一举手、一投足也能看到人的本性。正所谓"细节决定成败"。

三国时期的曹操曾让长史王必总督御林军马，司马懿提醒他说："王必嗜酒性宽，恐不堪任此职。"

曹操反驳说："王必是孤披荆棘历艰难时相随之人，忠而且勤，心如铁石，最是相当。"

可是后来的事实印证了司马懿的担心：不久，王必便被耿纪等叛将蒙骗利用，导致了正月十五元宵节许都城中的大骚乱，也几乎导致曹操的垮台。

司马懿从王必嗜酒这一习性而预见此人酒后将铸大错，以一斑而窥全貌，这与曹操在任用王必时的一叶障目形成了鲜明的对比。

在生活细节上识别人才需要敏锐的眼力，才能发现别人不容易发现的特点，并且能在对方转瞬即逝的言行中发现他的隐蔽特征。只要领导者能够注意锻炼自己观察细节的能力，就不难发现每个员工行为背后的奥秘。

清朝末年，山西太谷的曹家，觉得沈阳是个很有前途的市场，于是想在沈阳开设一家富生峻钱庄。随后，曹家的曹财东对掌柜人选进行了慎重选择，一方面求人推荐，另一方面自己亲自查访应聘人的身世、家世，多方考查其品行、道德、能力。

最后，在一位德高望重、家中殷实的保荐人的推荐下，才正式聘用了一位掌柜，并将七万两银子交给他做本钱，派其赴沈阳上任。

然而，让曹财东没有想到的是，这位掌柜在沈阳经营的几年间，不仅没有为东家赚到钱，反而还将七万两本银也赔了进去。

万般无奈之下，这位掌柜只得回太谷，向东家汇报这几年钱庄的经营状况。在见到东家后，他一一分析了赔钱的主客观原因，并申明不是自己不尽职守，实在是有些意想不到的因素，导致了亏损，他愿意承担责任，即使被辞退也毫无怨言。

曹财东听了掌柜的全面汇报之后，也感到了赔钱的原因符合实际，并且入情入理，于是在心中认真考虑了一番，最后不但没有生气与责怪掌柜，反倒问他："你还敢不敢继续干？"

掌柜不明白是怎么回事，却肯定地连连点头。随后，曹财东又给掌柜拨付了第二笔资金。得到东家的鼓励以后，这位掌柜携资再赴沈阳。

谁料想，几年过后，掌柜将第二笔资本又赔光了。此时此刻，掌柜感到十分惭愧，一再向东家表示自己的歉意，并且决定以引咎辞职来赎罪。

但是，曹财东在听了掌柜的第二次赔钱报告后，做出了一个令人感到震惊的举动：竟然又拿出了第三笔本钱，并继续鼓励他不要灰心，认真总结经验教训，相信他一定能经营好富生峻钱庄。

掌柜见曹财东对自己如此信任，不禁感激涕零，并下决心一定要干成、干好，以报答东家对自己的知遇之恩，否则再也无颜见三晋的父老乡亲了。

再次回到东北那片熟悉的土地以后，掌柜重整旗鼓，整顿人事，在总结了前两次赔本教训的基础上，针对当时的实际情况，改变了过去的经营方法。

令人振奋的是，没过多久，掌柜的改革便收到了明显的效果。

几年后，富生峻钱庄不仅赚回了前两次赔的钱，而且还获得了巨额盈利。

掌柜感念曹家的恩德，不敢居功自傲裹足不前，于是在钱庄恢复生机之时，依然想尽办法来扩大经营。

他用赚来的钱，根据东北盛产高粱的优势，为东家在四平街新开办了富盛泉、富盛长、富盛成、富盛义四家酿酒店。经过掌柜的细心管理，这些酿酒店的生意红红火火。

从曹财东的经营理念之中，不难发现"信任"这两个字，而他自己的亲身经历表明：商人应学会善用人才。即使遇到年终结算发生亏赔，只要不是人为失职或能力不足造成的，就应该继续选择相信。

虽然曹财东选人非常之谨慎，但他却用人不疑。在著名的晋商之中，他这种惜才、爱才的做派，早已传为一种美谈，并被众多"财东"所仿效。

其实，在现代商业经营过程中，曹财东那种识人、用人的眼光，以及用感情重托，使员工们殚精竭虑、以图报效的领导艺术，同样非常值得商人们借鉴。

对于从事商业的人而言，晋商的经营智慧不容小视，因为它凝聚了中华文明所有的商业精华，聪明的商人一定能从中收获良多。

03 选用人才，培养人才

在每一个企业之中，领导者就是一名元帅，他不需要去冲锋陷阵，但却要学会选好兵，用好将，只要自己身边这样的兵与将越多，那么企业的发展就越没有限制。

对于每一位商人而言，若想事业有所发展的话，就必须用人得当，因为没有充足的人才资源做保障，就不可能一步一步把事业推向壮大。

作为联想控股的经营者，柳传志拥有联想集团、神州数码、联想投资、融科智地、弘毅投资五家公司，其中联想集团与神州数码是中国IT领域的领先企业。

对于这两家成功的企业，柳传志可谓煞费苦心，他不但找到了IT行业中的精英，更是放手让他们各司其职，而自己则甘居幕后。

2001年3月8日，柳传志面对全国媒体宣布，任命杨元庆为联想电脑公司的总裁。与此同时，神州数码准备从联想股票中分拆出来，单独在香港联交所上市，并任命郭为担任神州数码集团的CEO。

他之所以有这样的决定，是因为其乐于雇用比自己优秀的人才，认为人才只有在足够的空间之下，才能够充分展示自己的智慧，才能够更有利于自己的企业发展。

杨元庆对于联想总裁的职位是胜任的。1986年，他毕业于上海交通大学；1988年，又在中国科技大学取得计算机专业硕士学位；1996年，他通过自己的不断努力，任联想集团副总裁，主管PC机业务。

他接过联想电脑的帅旗后，便扛起了领导7000多名员工的责任，他决定联想在继承自有品牌的同时，要主攻PC机、硬件生产销售，并

打造一个"服务好、高科技、国际化"联想。

杨元庆将未来联想电脑的业务定位在了六个方面：一是消费IT，有数字家电、家用电脑；二是企业IT，包括笔记本、服务器等；三是信息运营，即FM365承担的互联网接入与运营服务；四是手持接入，包括掌上电脑；五是IT服务，包括宽带与系统集成服务；六是OEM和部件。在他的带领之下，联想的业绩屡创新高，继续保持着行业老大的姿态。

郭为担任神州数码CEO的职位也游刃有余。1988年，他毕业于中国科技大学研究生院，并获得了MBA学位；1997年，通过自己的努力，任整合后的联想科技发展公司总经理，主要负责代理分销业务。

他掌管神州数码之后，决定带领2000多名员工另创品牌，主营系统集成、代理产品分销与网络产品制造业务。

郭为认为，神州数码不仅是国内最大的IT著名品牌产品的分销商，同时也是国内声名卓著的系统集成商和全线网络产品制造商，分别在广州、上海、成都、沈阳、南京、西安、武汉、济南、深圳这九大城市都设有公司，企业不能白白浪费这种营销网络遍及全国的有利资源。

于是，郭为将神州数码的业务定在五个方面：一是网络基础设施建设，其中包括宽带接入网的建设；二是非公用的、企业自有的数据中心的建设；三是应用软件，其中一个重要变化是改变在集成领域硬件唱主角的局面，实现软硬件分离；四是继续发展和推广电子商务平台，打造神州数码的电子分销通道品牌；五是逐步向通信领域渗透。

随着业务的不断加深，神州数码已经被越来越多的人关注。

当联想与神州数码屡创佳绩时，人们不得不佩服柳传志的用人智慧。这两位身负众望的"少帅"，一个握有联想的现在，一个开拓着联想的未来，势必能够为联想创造更大的发展空间。

很显然，柳传志选用人才的策略非常值得众多企业家借鉴，他实现了人才"为我所用、人尽其才"的目标，正因为如此，他获得了成功。

除了学会选用人才外，还要学会培养人才。一个企业缺少的往往并不是人才，而是缺少培养人才、挖掘人才的方法和体制。

如何培养人才，如何进行人力资源管理和开发是企业的重要使命。

"人才管理和培养"是大多数公司聚焦的课题，国际知名企业都十分重视对员工的培养，如美国GE、IBM以及宝洁等著名企业，都制订了员工继续教育、终身教育的计划，从而让员工具备终身就业能力。当员工感觉在企业里会有很好的发展前景时，他自然会忠诚于这个企业，全心全意为企业服务。

现代企业也是如此，通过学习提高员工整体素质已经逐渐成为企业高管们在企业建设中常用的一种方式。

沃尔玛的经营者为了组建一支战斗力强、整体业务素质强劲的知识型团队，将引进优秀人才、培养优秀员工作为企业管理的首要任务去抓。

为此，沃尔玛的创始人沃尔顿专门成立了沃尔顿学院，使一些早年没有机会接受高等教育的经理有了一个进修充电的机会。

另外，沃尔玛还为员工制订培训与发展计划，让员工们更好地理解他们的工作职责，并鼓励他们勇于迎接工作中的挑战。

德国的西门子也堪称学习型企业的典范。

西门子公司专门设置了一个干部培训中心和13个基层管理培训中心。在培养管理人才方面，公司专门针对专业技术能力强、能激发和调动个人及团队力量的人进行培训。

这些培训极大地提高了管理干部的素质和能力，也为西门子公司打造了一支优秀的管理干部队伍。

绝大多数时候，人才不是天生的，是随着企业发展成长起来的。当今众多企业，都在内部实施培养人才的计划，而哪些人是值得培养的呢？

有的人才，学到了本领后，就会自己出去创业，这样的话，企业就浪费了时间和技术，可以说是得不偿失。联想董事长柳传志在培养人才方面很有心得，他认为，只有和企业同心同德的人才值得培养。

联想集团在培养人方面，一直有着"黄埔军校"的称呼。联想在各个发展阶段，都会有一批优秀的人才储备，比如杨元庆、郭为、刘军等等，在联想发展的关键时刻，总有重要的人顶上来。

柳传志是如何在培养人才方面选人、用人的呢？他认为"实践是检验真理的唯一标准"，要把人放在实践中去检验。

柳传志很关注员工的成长意志、学习能力、意志力是否顽强，品德是否优秀，其中心胸是否开阔也是一个很重要的因素。当然，最重要的还是要和企业的利益站在一条线上，把企业当作自己的心脏，与企业同心。

李嘉诚是全球华人首富，是每个企业家学习的榜样。他在培育人才方面，可谓用心良苦。李嘉诚善于突破固有的、传统的育才模式，他紧随时代的潮流，为公司的发展建造雄厚的人才资源。

李嘉诚选人才也是有标准的，为公司尽心尽力且有真材实料的人，都是他着重培养的对象。李嘉诚旗下的长江实业，是由公司元勋周千和管理的，多年来，周千和与企业同在，无怨无悔。李嘉诚便将周千和的儿子周年茂送去英国学习法律。

李嘉诚的做法，无疑体现出其培育人才的超人眼光和魄力。

周年茂还在学生时代的时候，李嘉诚就把他当作专业人士来看待。周年茂学成后，被李嘉诚指定为长江实业的发言人。

周年茂在职期间，表现优异，处处为公司着想。两年后，他被选为长江实业的董事，而周千和也被升为董事副总经理，父子俩均成为长实公司的得力干将。

凡是成功的大企业家，他们都有一套培养人才的心得。人才是企业发展的核心，只有与企业同进同退、同风同雨的人，才能为企业带来好的前景。

值得企业培养的人才除了要和企业同心同德外，还应该具备四种基本素质。

第一，品德高尚。员工都要学会感恩，珍惜企业给予的发展机会，这样才能更加用心地为企业创造效益，这样的人也是企业着重培养的对象。

第二，责任心和事业心。员工都应该抱有积极的工作心态，能够有一颗上进的心。

第三，较高的悟性。员工应该善于自己归纳总结学习和工作中的经验方法，以保证犯过的错误不会再犯第二次。

第四，自律。优秀的员工必定有很高的自我约束能力，能够自觉完成工作，不依赖于他人的监督。

企业的发展离不开人才的作用，而人才的成长需要长期的培养，选择培养什么样的人才对企业来说是至关重要的。

只有能一心一意为企业发展做贡献的人才，才是最值得首要培养的人才。只有和企业同心同德的人，才能真正重视企业的利益。

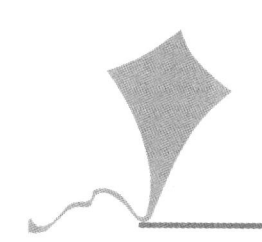

第五章 实现理想需要自律、自省

> 从企业来说,作为一个领导人,眼中得要有神、有敬畏。人有敬畏,就有内省,就有自我约束,就会进步。就怕没敬畏,把自己当成神。
>
> ——冯仑语录

> 我们在追求理想的过程当中,怎么管好自己、改变自己,这很重要。人们在追求理想的过程中,通常会不停地埋怨别人,而不改变自己。最难的是管住自己,不让自己出问题,因为自己一出问题,理想也就烟消云散了。
>
> ——冯仑语录

◆冯仑故事：管好自己、改变自己

冯仑曾鲜明地提出，伟大是管理自己，而不是领导别人。

冯仑在《理想丰满》一书中写道：

我们在追求理想的过程中，怎么管好自己、改变自己，也很重要。

人们在追求理想的过程中，通常会不停地埋怨别人，而不改变自己。最难的是管住自己，不让自己出问题，因为自己一出问题，理想也就烟消云散了。就如"真功夫"家族内斗，创始人夫妇离婚以后，丈夫、前妻两个家族死掐，这就是没管好自己。

这些年来，经常有企业家在这方面出问题。

李教讲，世界上最可怕的动物就是前妻。人不是不能有前妻，但不能有成为敌人的前妻，这也叫危机管理。有矛盾、有冲突并不可怕，但要管好。

改变自己也包括性格的改变，曾看过一部电影《国王的演讲》，国王的口吃之所以能够矫正，是因为他决心改变自己。

关于如何改造自己，冯仑也给出了自己的答案：

在改造自己方面，性格的改造是最痛苦的。

知识的改变很快乐，因为多读书就好了；相貌的改变如美容、整形也不难，但要把一种很强的性格改变得到处都能受委屈，则很难很痛苦，这太摧残人了。

一个性格很好、很柔弱的人，非要变成一个刚愎自用的人也是挺闹心的。性格的改变等于重造一个你，这一挑战是最大的。

我们前几年在阿拉善做公益的时候，王石担任阿拉善生态协会第二任会长。

他当兵出身，企业做得好，山又爬得高，什么极限他都敢挑战，很强势。而他说在阿拉善，他得改变自己，要妥协、倾听，因为这儿不是万科，这是一百个企业家在这儿做事情，每个人都是龙是凤。

他在做会长那两年，只做了一件重要的事，就是把基金会批下来、把制度理顺，剩下的事他都是在认真倾听，然后顺势而为。

如果他不改变，把那儿当万科，可能那百十个人早就炸窝了！就因为王石有很清醒的角色意识，所以他把工作做好了。

因此，成功的企业家、事业家，在走向理想的过程中，一个重要的功课就是改变自己、提升自己。特别是在一些关键地方能弥补自己的缺陷，让自己进步，让自己能够跟整体组织、外部环境和要求一致起来。

◆冯仑启示：

01 伟大的管理者管理自己

很多成功人士都有一种共同的体会：要想有所作为，就必须提升自我管理能力。纵观古今中外，凡大成者，绝不仅仅是在被别人管理或管理别人中获得成功的，他们无不是通过严格的自我管理才获得大成和圆满的。

个人要战胜"自己"是很难的，而要战胜自我，就需要了解自我，知道自己的长处和不足，同时严格要求自己，尽量发挥自己的优点，克服和纠正自己的不足。战胜自我要有恒心和毅力，要不断巩固胜利的成果，防止旧病重犯。

在《圣经》里，保罗说："攻克己身，叫身服我"，这是克制个人的欲念，改掉怠惰、松散、缓慢等坏习惯的捷径。

这个道理放在运动员身上尤其合适。当别人去吃喝玩乐时，运动员必须远离对身体无益的烟酒和夜生活；当别人还在梦乡时，运动员就应当在运动场上锻炼身体；当开始比赛时，运动员不能理会别人的眼光和言语。

只有这样，运动员才能在赛场上先声夺人，不断取得好成绩。

管理好自己，实际就是严格要求自己的言行，按准则办事，不受外界环境影响，始终坚持自己的原则和为人做事之道。

管理好自己，实际是内心修炼到如水境界，不论事物大小，原则明确，目标清晰，并能持之以恒；一件看似简单而平凡的事，如果能坚持10年、20年，就会成为伟大，就会创造奇迹。

冯仑认为，公司领导者管理自己永远比管理别人重要，公司行为管理、行为矫正的关键是矫正管理者自己的行为。

在一次企业家论坛中，冯仑这样说道：

我在创办企业的过程中，与企业一起发展，一起从黑暗到光明。在这个过程中，我也观察其他企业和企业家的演变过程。我发现，企业家如何管理自己很重要，伟大是管理自己，而不是领导别人。

实际上可以称为伟大的人，最有趣的事情就是把大道理留给自己，把小道理留给别人。普通人都是把大道理留给别人，把小道理留给自己。小道理就是吃喝玩乐；大道理则是高瞻远瞩、任劳任怨，敢于负责任，整个过程都比较痛苦，因为没有一件快乐的事情。

对企业家来说，管理自己，就是一步步从普通人变成能人，能人变成英雄，英雄变成伟人，伟人变成圣人的过程。

在这个过程中，媒体、群众、观众越来越关注我们（企业家），我们在各方面的压力下促使自己改正缺点。

使自己成为普通人，快乐的东西就越来越多；而约束自己，快乐就越来越少，企业家不可以逃避。同时，我们还需要刻苦、宽意为怀。

很多人在经济上出问题，但是，在可以做MBO的时候，（万科）王石为什么没有做，（联想）柳传志为什么没有做？当企业家从创业成长到伟大的时候，需要不断与自己内心的欲念做斗争，这样的话，一生的目标就可以达成。

一个年纪五六十岁的人，用5年的时间就将七大洲的最高峰都爬完了，另外还有南北极的两个极点，这个人正是备受冯仑推崇的王石。能够在这么短的时间内取得这样的成绩，其力量即是来自其对自己的管理。

冯仑曾回忆有一次和王石一起爬山的过程时说：

在山上，王石和大家最大的区别就是他能够管理自己。比如，王石说几点进帐篷就几点进帐篷。为了保持能量，食物再难吃他都往下咽，而其他人则有的不好吃就宁愿挨饿。

在珠峰7000多米的地方，不管别人再怎么说外面风景好，他都克制着自己不出帐篷，因为动一次能量就损耗一次。

每次王石都认真做爬山前的准备工作，如涂防晒霜，要求涂两层，他一定涂两层，而且涂得特别厚。这就是对自己的管理。

很多情况下，对某一件事情我们开始的时候都是信心百倍的，但是常常因为缺乏对自己的管理，事情进展到一半或者最后一公里的时候而无法继续往前。

由此冯仑得出结论，伟大就是管理自己。

当你不能管理自己的时候，你便失去了领导别人的资格和能力。当一个人走向伟大的时候，千万要先把自己管理好，管理好自己的金钱、自己周边的人脉和社会关系，管理好自己的行为。

管理好了自己，就会自律和守法，很多类似的美德就有了。管理好自己，才能取得领导的资格，才能在组织中成为最好的成员。其他成员多少有些放纵，但如果你首先能管理好自己，大家会信任你，才敢把希望寄托在你一个人身上。

所以要成功，首先在于管理自己，而不是领导别人。

华人首富李嘉诚在一所大学的一场学术报告中畅谈了对于管理的看法："想当好管理者，首要的任务是知道自我管理是一重大责任，在流动与变化万千的世界中发现自己是谁，了解自己要成为什么模样是建立尊严的基础。自我管理是一种静态管理，是培养理性力量的基本功，是人把知识和经验转化为能力的催化剂。"

正如犹太人的一句谚语所言：谁是英雄？那些能够战胜自己欲望的人就是英雄。

内省是成为领导者有效的办法之一。内省的方法很多，常见的主要有三种：

（1）反省法

反省法，即通过对自我言行的回顾和反思来实现自我认识和自我评价的方法。如记日记、写总结、独立思考等等，都属于这种方法。

（2）对照法

对照法，也就是对自己的言行做出规定，然后经常对照检查。对照法还有一种更为简单的形式，即"座右铭"的办法。针对自己所要努力的方向或改正的缺点，选择一些警句名言书写出来，挂在室内，或压在办公桌的玻璃板下，时时对照提醒自己，改正缺点，不断进取。

（3）比较法

比较法，是指人们在交往过程中通过彼此间的认识和比较，从而形成的自我认识和评价的方法。

没有高山，就显不出低谷，别人的优点是衡量自己的尺度。

领导者在日常工作、学习和生活中，应经常注意观察、发现他人的优点和长处，用自己的言行和其他人比较对照，特别是同优秀的领导们进行比较，从中认识自己的缺点和不足，努力向他们看齐，不断地在工作中改正自己的缺点，从而实现自省修身的目的。

无论是哪种方法，最终的目的都是要反省自己，正视自己。

意大利画家阿马代奥·莫迪里阿画的画有个特点，画中的许多成年人都是一只眼的，有人问其原因，他回答说："这是因为我用一只眼睛观察周围的世界，而用另一只眼睛审视自己。"

02 加强自制，提高自律能力

在某国的特种部队，流传着这样一个故事。

当一个有经验的间谍被敌军捉住以后，他立刻会装聋作哑，任凭对方用怎样的方法诱问他，他都决不为威胁、诱骗的话语所动。

等到最后，审问的人故意和气地对他说："好吧，看起来我从你这里问不出任何东西，你可以走了。"

你觉得这个有经验的间谍会怎样做？他会立刻带着微笑，转身走开吗？

不会的！

没有经验的间谍才会那样做。要是他真这样做，他的自制力是不够的。有经验的间谍会依旧毫无知觉地呆立着不动，仿佛他对于那个审问者的命令完全不曾听见，这样他就胜利了。

一个人在获得自由的时候，常常会神经放松。审问者原想以释放他使他产生麻痹，来观察他的聋哑是不是真实的。

但那个间谍听了依然毫无动静，仿佛审问还在进行，那不得不使审问者也相信他确是个聋哑人了，只好说："这个人如果不是聋哑的残废者，那一定是个疯子，放他出去吧！"

就这样，间谍的生命以他特有的经验和自制力，保存下来了。

从这个故事中我们能得到什么启示？一个人的自制力便是力量！有时，为了获得真正的自由，必须加强自制力。

我们每一个人，只有进行良好的修身，战胜自我，完善自我，超越自我，不断提高自身素质，才能具有人格魅力，才能获得成功。

曾国藩的成功也在于自我修身。曾国藩年轻时养成了很顽固的坏习惯：吸烟和睡懒觉。后来他把两种坏习惯看成是自己成功的大敌，坚决与其做斗争。可以说曾国藩的一生，是实践"一日三省吾身"的一生，他一生的成就，完全建立在他严格修身的基础上。

未来的年代，修身对于成功更加重要。

现在谁有知识，谁有技能，谁就能得到财富，获得成功。成功属于那些富有人格魅力的人。因为，有了健全而良好的人格品质，才能够成就更大的事业，才能够实现更大的成功目标。

自治就是自我管理，包含自身的目标、计划、时间、行为、情绪、决策、品质等方面的管理与控制。

一个人如果自治做得好，不需外界任何的劝勉、逼迫，就能够使自己的一切行为高度理智化，就能够严格按照既定目标和计划行动，就能够自我控制，就能够对自己的人生进行自我管理。

常言说：播种行为，收获习惯，播种习惯，收获性格。一个人要想改变自己，优化性格、人格，就必须对自己的行为进行有效的管理和控制，也就是必须自治。没有自治，既不能很好地进行学习，又不可能很好地进行修身。

自治是学习、修身的基础，只有自治，才能治人。有能力管理好自己，才能成为一个优秀的管理者。只有管理好自己，才能管理好他人，才能管理好组织。

我们只有自治，才能使自己的成功目标沿着正确的方向快速实现，才能使自己的所思所想、所言所行符合行为目标的需求。

我们每一个人，必须对自己进行自我调节、自我调整、自我调控、自律自制，使自身的认知和行为严格符合社会道德及法制的规范，以确保成功目标的顺利实现，满足自我需求，获得巨大成功。

冯仑在20余年的经商过程中，一直十分注重加强自身修养。这是因为，他深知加强自身修养是个人健康成长的基本规律，是事业不断进步的迫切要求。

对一个企业的领导者而言，加强自身修养尤为重要。因为这关系到企业能否健康发展，在激烈的市场竞争中能否战胜强大的对手。

修养是一个永远的、动态的、没有止境的过程，是一个与时俱进、艰辛求索、不断改造的过程。

一个公司的领导者应该如何加强自身的修养呢？冯仑认为，要管理好自己。很多成功人士的事迹显示，要想有所作为，就必须提升自我管理能力。

纵观古今中外，凡大成者，绝不仅仅是在被别人管理或管理别人中获得成功，而是他们通过严格的自我管理才获得了成功。

作为一个企业家，"管理好自己"意义更为重大。

管理大师彼得·德鲁克曾说："让自身成效不高的管理者管理好他们的同事与下属，那几乎是不可能的事情。"因为管理工作在很大程度上要身体力行，如果管理者不懂得如何在自己的工作中做到卓有成效，就会给其他人展示错误的形象。

管理好自己，实际就是始终坚持自己的原则和为人处世之道，严格要求自己的言行，按准则办事。

一个企业的领导者，如果连管理好自己都无法做到，自然也就失去了领导别人的资格和能力。所以一定要管理好自己，管理好自己的金钱、身边的人脉和社会关系，管理好自己的行为。

管理好了自己，就会自律和守法，很多其他的美德也就有了。所以说，一个企业的领导者想要取得成功，最重要的是管理自己，而不是领导别人。

有些企业管理者在管理企业的时候缺乏自律的精神，依靠自己的主观意志来指引企业的发展，最终的结果往往是带领企业走上歧路。

企业经营最需要的是那些遵守规则、自觉自律的管理者——只有这样的领导者，才能带领企业持续发展。

企业管理者要提高自己的自制力，可以遵循以下几个步骤：

（1）正确思考

如果不开动脑筋，就不可能把事情做好。如果始终让大脑保持活跃，经常考虑富有挑战性的问题，不断思索需要认真对待的事情，就能培养起有规律的思维习惯，这对控制个人行为很有帮助。

（2）合理控制情绪

著名作家奥格·曼狄诺说："强者与弱者的唯一区别在于，强者用行为控制情绪，而弱者只会任由情绪主宰自己的行为。"衡量一个人自制力强弱的关键，就在于他是否能够有效地控制自己的情绪。

（3）行为规律化

富兰克林在《我的自传》中将自制力称为"自己获取成功的13种美德"之一，认为自己之所以能够取得那些骄人的成就，主要获益于"做事有定时，置物有定位"的良好习惯。企业管理者应当像富兰克林那样，使自己的行为规律化。

（4）强化工作习惯

自制力意味着在合适的时间为了适当的理由去做需要做的事情。总结一下自己的首要任务和行动，看看自己的方向是否正确，培养自制力。

03 切勿迷恋自己的方式

据有关资料统计，中国企业的平均寿命是 3.5 年，企业集团的平均寿命是 7 年。每天都有许多新公司注册成立，每天又有许多老公司倒闭破产。很多中国企业昙花一现，各领风骚两三年，然后杳无音信，再也找不到它的踪迹。

爱多 VCD，最早投入巨额广告，1997 年的销售额飞跃到了 16 亿元，而这一数字在一年前只是区区 2 亿元。但随后，随着 VCD 行业整体竞争态势的改变，爱多无力抗争，逐渐萎缩。

恒基伟业的商务通，同样曾经辉煌一时。创始人张征宇，1998 年创办恒基伟业，推出名叫"商务通"的 PDA，一句"呼机、手机、商务通，一个都不能少"，使得"商务通"这个产品品牌几乎成为行业的标准称谓。

在强大的品牌推广和渠道建设支撑下，恒基伟业只用了两年时间，营业额达到 10 亿元，创造了一个中国消费电子产品的奇迹。

然而，随后的情况出乎意料地急转直下，有资料显示，到 2001 年底，恒基伟业营业额减少到 5 亿元，2002 年底是 2 亿元，2003 年底不到 1 亿元……

昙花一现的产品还可以举出很多。保健品、学习机、跳舞毯，无疑都是曾经的"好产品"，但经营这些产品的企业，却无一例外地消失了或衰落了。

是什么阻碍了这些曾经制造好产品、发现好项目的公司成为常青企业？

企业的衰败有很多客观原因，也有很多主观原因。但是，不管客观还是主观，值得肯定的一点是，企业的兴衰往往都是没有创新造成的，是自己打败了自己。

美国彭尼公司最初只是一家区区小店，它的经营策略是，给顾客提供货真价实的商品，却把价格压到最低。彭尼公司只搞现金交易，保证了资金流通，无须在银行过多贷款，因而管理费用不高，在售价很低的情况下仍然有钱可赚。

彭尼公司采用这种经营策略无疑是成功的，十几年后，它的分店增加到26家。在发展分店时，彭尼公司考虑到自身实力，只在小城镇开店，从不在大城市与实力雄厚的公司竞争。这一策略也是成功的，多年后，它的分店增加到1500多家，成为一家超级大公司。

但是，到了20世纪50年代，彭尼公司过去成功的经营策略却成了它发展的障碍：首先，竞争公司普遍采用了赊销、代销等营销策略，彭尼公司还严守着"一手交钱一手交货"的制度，无疑制约了它的业务增长；其次，美国人口越来越向大中城市集中，乡镇购买力相对萎缩，而彭尼公司还是在乡镇拓展业务，这肯定是没有前途的。

但是，彭尼公司的决策层仍沉醉在过去的成功中，对这些危机视而不见。直到公司陷入举步维艰的困境，他们才终于意识到，局势已到了不改变就无法生存的地步了。

1958年，威廉·巴顿被选为彭尼公司总裁，受命进行变革。他开始实行赊销策略，并建立了电脑联网的赊销管理系统，使公司内部信息资源可以简便快捷地共享。这一做法在当时是比较超前的。

彭尼公司还大举向城市进军，与最强大的零售公司竞争。时至今日，彭尼公司大部分连锁店集中于大中城市，便是这一改革的成果。

每一个企业家都知道，应该采用员工乐意接受的管理方法和适应市场的经营策略。但知道和做到是两码事——有的企业家，偶尔也会谦虚一下，听听员工的意见，但他只听自己爱听的部分，对不爱听的部分都视为无稽之谈，实际上还是按自己的想法做事；他也会去了解市场，但他只能听见自己喜欢的信息，实际上仍是按老观念做事。

这都是自我迷恋的表现。

一流企业家能够克服情绪作用和个人偏见，冷静地分析员工心态和市场动态，所以他们能够根据需要做出聪明的决策。

很多企业家通常都欣赏自己某些成功的做法，并且不愿意改变，就像作家欣赏自己的作品而不愿改变文风一样。然而，成功的方法往往只是在特定时间、地点对特定的人有效，未必是通用的做法。

一旦时过境迁、对象改变，成功方法不一定还能带来成功——许多成功作家再也写不出读者喜欢的作品，许多成功商人再也做不成漂亮的生意，原因即在于此。

所以，企业不能迷恋自己喜欢的方式，而要根据时势改变经营管理方法。

马里·罗曼洛是马里水暖设备供应公司的创始人。他是一个很有亲和力的领导者，主要依赖情感进行管理，而不是依赖管理制度。

他从不以老板自居，平易近人，善解人意。员工做对了事情，会得到及时的赞美；员工做错了事情，一般不会受到批评，必要时，他仅仅规劝一下；即使批评，也是私下单独和这个职员谈谈。

他如此尊重员工，员工们也同样爱戴他。

马里付给职员的报酬不算低。每年年终时，他还会分给每个职员一只火鸡或一个火腿，以及10美元红包。有时红包高达100美元。

如果职员要求他帮助，他也会尽量帮忙，比如，借少量钱给他们，为他们的银行贷款提供担保。

他这种管理方式，一开始是很受员工欢迎的，也充分调动了员工的积极性，大家都觉得他是一个难得的好老板。

但是，时间长了，好话听多了，员工们开始更关心钱包的丰盈，毕竟大家都是要养家糊口的嘛！马里却没有给他们提供凭劳动多赚钱的机会。渐渐地，员工们不满起来，一有机会就去外面干私活捞外快。马里对此并无察觉，他很相信员工的忠诚。

有一次，马里外出度假。他打电话回公司时，却没有人接电话，而且这种打电话找不到人的事情不止一次发生，他开始怀疑员工并不像他想象的那么尽职尽责。回公司后，他留心观察，才发现员工偷懒、干私活的现象非常多。

马里这才意识到公司管理出了问题。他去向一位管理专家咨询，专家建议他试一试让职员参与管理的方法。

一天下午，马里召开了一个所有职员都参加的特别会议。

会上，他提到公司出现的问题，希望大家一起想想办法。他要求所有职员选出一个由六人组成的委员会，为公司出谋划策，并保证自己会非常重视委员会所提出的建议。

大家都对马里的突然转变感到惊奇，有几个员工恭敬地问马里是否真的想听真诚和坦率的建议。得到肯定答复后，他们都很高兴。

员工们果然选出一个六人委员会。在此后一段时间，马里惊喜地发现，员工的积极性明显高涨，销售额也增加了不少。

几个星期后，六人委员会在充分考虑全体员工的意见后，向马里提出了几条建议：

建议聘用一个总经理、一个销售经理、一个办公室主任和一个五金店经理，而不是马里一人包揽所有事务；建议马里在聘用经理后，只跟经理们商讨工作，而不直接指挥员工；建议员工只要在额外时间工作，公司都付给加班费；建议马里抛弃每年的小恩小惠，建立一套稳固的利润分享制度；员工工作一段时间后，还可购买公司的股份。

这几条建议没有一条合马里的意，他气坏了！几经思考后，他开除了六人委员会的所有成员，让另外几个人来担任。

然后，马里又召开全体员工会议，声称公司管理仍按原来的方式，如果有人不喜欢，他可以离开公司。

整个公司士气萎靡了。一批老职员离开了公司，还带走了一些客户；留下来的人对工作也缺乏积极性，公司的销售与利润因此直线下降。

马里忧恼交加，心脏病发作，住进了医院，只好把公司管理大权交给儿子彼得。

彼得对管理公司毫无兴趣，巴不得请人代他管理。所以他采纳了以前那个六人委员会提出的几条建议。

对此，员工们都做出了积极反应，并保证和彼得合作。公司的业务开始有所好转，但至今仍未恢复到最好水平，因为员工们有很大顾忌，担心马里病好后还会把公司制度再变回去。

过去让员工欣赏的管理方法，现在可能遭到抗拒；过去被市场接受的经营方法，现在可能行不通。商人迷恋自己喜欢的方法，肯定会遇到障碍。只有从需要出发，事业才能顺利发展。

做一个追风筝的人
——冯仑的商业理想与感悟

◆冯仑故事：反省自己，毋忘在莒

1992年9月13日是万通成立一周年纪念日。

冯仑认为，90%的公司会在周年纪念日里大吃大喝，但他和他的创业伙伴们并没有那样做，他们坐在办公室里进行了深刻的反省。

万通还特地下发了一份《关于建立"周年反省日"制度的通知》的文件，将反省正式确立为公司的制度。时至今日，这项每年一次的制度已经坚持了20年。之前，冯仑曾说：

那时一般民营企业刚挣到钱都会大吃大喝一番，但我们觉得应该过得更有意义。我是学人文科学的，联想到日本战败后（通过）反省得到（了）使其经济飞速发展的启示，我提议将这一天（每年9月13日）确立为万通"反省日"，这一提议得到了伙伴们的认可。

冯仑把反省看作万通地产的生存密码。在《万通历史陈列馆新馆开馆文稿》中，冯仑特别强调"反省"已经成为万通企业文化的突出特点：敢于否定过去，坚持自我反省的理性批判精神，至今仍是万通企业文化的突出特点。公司领导鼓励员工批评领导、下级批评上级、员工批评"老板"，以这种方式总结经验、辞旧迎新。

2001年是万通创业的第10个年头，万通的"反省日"也在不断地与时俱进，从简单反省公司内部管理和员工的牢骚转向公司高层对发展战略的反省。

总结万通10年的成败，冯仑提出：要进行前瞻式反省，站在未来看现在。"反省会"因此变为一种"前瞻式"的反省。

这一年北京万通的"反省会"呈现出一个特别之处，他们特地邀请了部分已经离开万通的员工，专门请他们来对万通提出新批评和新建议。冯仑认为：

想问题有三种方式，第一种是站在过去看今天，只有回忆力、只有埋怨、回忆，然后自满，这是一个比较容易犯错误的思维。

第二种是以现在判断现在，也就是说从别人那里看到的东西来判断我今天做得对不对，这个也不是前瞻，而只是一个横向比较和判断。

第三种是站在未来的某个时点，然后看到未来那个时候发生的所有的变化，以及可能发生的变化和必然发生的变化，然后决定我们今天哪些事情要做，哪些事情不做，着眼未来，发现规律，按照规律去安排自己的事情。

聪明人总是站在高处以便看得更远，聪明企业的做法是站在未来看现在，万通也要成为这样的企业。

冯仑还在多个场合提过"毋忘在莒"这个成语。这个成语出自《吕氏春秋·直谏》"使公毋忘出奔于莒也"，所述故事，大体如下：

齐国君臣在一起饮酒，酒酣之时，桓公得意地对鲍叔牙说："为什么不起来为我祝酒呀？"

鲍叔牙就端起酒杯向桓公敬酒说："祝您不要忘记逃亡在莒国时提心吊胆、愁困落魄的那段日子。"又向管仲敬酒说："祝管仲不要忘记了在鲁国做囚徒的日子。"还向宁戚敬酒说："祝宁戚不要忘记了当初在车下喂牛的时光。"

几句话使齐桓公等人猛然警醒，桓公离开座席感谢说："我和大夫们都绝不会忘记先生的话，这样齐国的江山才能长治久安啊！"

"毋忘在莒"后来便演变为成语,意思就是不要忘本。

冯仑认为,无论企业如何发展壮大,无论何时何地,创业的艰辛,做人的准则,企业所肩负的社会责任都不能被忘记,这就是要艰苦奋斗、刻苦忍耐、不断进步。这也是"毋忘在莒"这个成语所体现出来的精神。

冯仑在文章中呼吁万通人无论在什么时候都不要忘记"毋忘在莒"的精神:

万通最值得珍视的东西,不是已赚到手的利润,而是"毋忘在莒"的座右铭。

万通是一个年轻的企业,还很稚嫩,还有许多不完善的地方,面临国际国内更为复杂的环境,我们应当愈加谦虚谨慎,向一切公司学习,向所有"先进"看齐,继续发扬"毋忘在莒"的精神,兢兢业业,务实进取,再接再厉,更上一层楼。

可以说,正是在"毋忘在莒"精神的激励下,万通才在日益激烈的竞争中始终保持了领先地位。

反省这件事,冯仑一干就是20多年,而且还在继续,于是反省就成了万通形式上的宗教仪式和骨子里的价值观。

冯仑本人说:反省是万通地产的生存密码。

每一次反省会都能给万通带来明显的变化,冯仑说:反省会是万通地产的加油站和牵引力,指引企业发展的方向。

◆冯仑启示：

01 自我反省，重塑自我

一个人之所以能够不断地进步，在于他能够不断地自我反省，找到自己的缺点或者做得不好的地方，然后不断改正，以追求完美的态度去做事，从而取得一个又一个的成功。

英国著名小说家狄更斯的作品是非常出色的，但他对自己却有一个规定，那就是没有认真检查过的内容，绝不轻易地读给公众听。

每天，狄更斯会把写好的内容读一遍，随时去发现问题，然后不断改正，直到6个月后才读给公众听。

与此相同的是，法国小说家巴尔扎克也会在写完小说后，花上一段时间不断修改，直到最后定稿，这一过程往往需要花费几个月甚至几年的时间。

正是这种不断自我反省、自我修正的态度，让这两位作家取得了非凡的成就。

避免失败，就需要自我反省，需要勇敢地面对它。如果我们像受伤的小鹿一样拼命地逃避它，我们就会遁入一个怪圈：你越想逃避，失败越是如影随形。

如果你害怕老板责骂，却不知反省，你的老板责骂最多的人就是你；如果你怕孤独，却不问为什么会孤独，你会发现周围的朋友越来越少……老天爷就是用这样的方法促进我们反省，鼓励我们、帮助我们成长。

企业不断发展，企业家就更应该学会自省，只有不断自省，才能不断完善自己，不断完善企业。在社会竞争的大形势下，只有清楚认识到自己不足的企业家，才会让自己不断完善。

虽然说人无完人，但是有很多接近完人的人，而这些人都是不断自省的人，是深知自己缺点并不断改正的人。只有这样，才能让自己在竞争中屹立不倒，才能让企业在竞争中不断发展，不断前进。

夏明宪就是一个非常喜欢思考的人，平时总爱关注一些事，然后从中发现问题、解决问题。最后，他凭借自己的思考发现了商机，取得了成功。

1989年，夏明宪在山城重庆开了一家五金杂货店。有一段时间，他发现水管接头卖得非常快。

为了探明原因，夏明宪做了调查。原来，当时有些重庆人先富了起来，就想加固自己家的门窗，把买来的水管接头焊接起来，做成铁门用来防盗。

善于思考的夏明宪很快意识到这是一个商机。于是他租了一个废弃的防空洞，买来相应工具，自己开始研究。

经过一个星期的努力，夏明宪成功了。他做出了防盗的铁门，马上投入生产销售，就这样，大赚了一笔。

夏明宪的思维没有就此终止，他继续研究，发明了"美心防盗门"，一时间在市场上销售非常好。2011年5月，夏明宪获得首届中国门业"十大功勋人物"称号。

古人说："自胜者强。"一个人能够随时反省自己，改正自身缺点，战胜自我，超越自我，最终才能变成强者。

这正如下棋一样，你输给对方，说明你自身存在着许多导致失败的缺漏。只有在下棋时多看到自身的漏洞，并加以补救，才能战胜对手，转败为胜。如果你总埋怨对方太强，而不找自己的原因，又怎么能够提高自身的棋艺呢？

人生需要自省，人生必须反省。反省昨天为了明天，反省失败为了成功。可以想象，没有反省的人生是多么可怕。

咸丰二年（1852年），曾国藩奉命兴办团练，镇压太平军。

在此后的6年中，他在政治上、军事上遭到了一连串的惨败，但他却能一次次从失败中吸取教训，反省自身修养方面存在的缺点，并努力加以改正，由自命不凡、刚愎自用变得虚怀若谷、从善如流，使自己由常败到少败，由少败到不败，最终获得了胜利。

曾国藩身为一介书生，却能领兵治军，没有一点作战经验，他却能从失败中奋起，转败为胜，靠的是什么？

靠的就是他反省自我、超越自我的智慧。

后来，他在一封家书中写道：我早年自认为本事大，能屈能伸，常常看到的都是别人的不对。经过丁巳年、戊午年的大忏悔大觉悟之后，才知道自己一点本事都没有，在任何事情上，都能看到别人的可取之处，所以，从戊午年到现在这9年间，与40岁前大不相同，既能发奋自强，又能办事融通，不再怨天尤人了。

人生最大的成就在于不断自我反省，使自己知道应如何生活。养成自省的习惯，你就会认识社会和所处的环境，就不会盲目崇拜他人，随波逐流。这样的话，你才会牢牢抓住人生的方向盘，重塑自我；把握自己前进的方向，不落俗套。

作为一名企业家，每天都要进行自我批评，都要进行自我反省，要思考每天的得失，规划明天的发展，只有把企业的事当作自己的生命对待，才能让一家企业永远散发着光芒。

自我反省并不是自我否定，而是能在每一天发现自己的不足，然后加以改正，加以完善。

金无足赤，人无完人，每个人都有缺点，也都有优点。企业家只有不断地认识自己，才能不断地进步，只有个人不断完善，企业才会随之不断完善。

02 野心也要有个度

每天都有新企业诞生，每天也都有日薄西山、久病无医的旧企业死亡。可惜的是，有些企业正处巅峰，却突然倒塌。究其原因，多半是贪欲过大，冒进而死。还有一些小企业刚有小成，便希冀爬更高的山，结果是实力不济，半途而亡，又可惜又可气。

人，一定要控制住盲目的野心，量力而行。

1961年乔赢出生在河南许昌。1994年，他看到王府井大街的麦当劳快餐店一天营业额高达20万元，于是满心向往，也想做快餐厅。后来他选中河南名吃羊肉烩面，起名"红高粱"，开始了自己的创富历程。

开饭店得有个好位置，乔赢就来到了位于郑州人流量最大的二七广场，选了那里一个150平方米的店面。没有资金的乔赢从朋友那里借了44万元，开始装修自己的店面。

1995年4月15日是快餐店麦当劳开张40周年的日子，乔赢的第一家红高粱快餐店也开张营业。

令他自己都没想到的是，快餐店一开业就生意爆满，日营业额从2000元逐步上升，不久就冲破了万元大关，座位每天的周转次数高达22人次。

首战告捷后，乔赢又很快在郑州开了7家红高粱分店。就这样，白手起家的乔赢，只用了8个月的时间，把东借西凑的44万元启动资金滚动发展成为500多万元的固定资产。

成功来得太快太猛，乔赢当时片面地认为，自己在7家店成功的星星之火，就可以像麦当劳一样攻城略地，遍地开花。

1995年底，乔赢不顾众人的反对，执意杀入北京。他将红高粱在北京的根据地放到了距麦当劳王府井店22米的王府井入口处，日租金为每平方米近7美元。后来他透露说，当时他手中的现金只有10万元。

1996年2月15日，红高粱王府井分店开业，规模不足麦当劳的三分之一。但是，乔赢的这一举动一下把红高粱提升到与洋快餐对等较劲儿的位置上，提升到发扬民族精神的高度。

红高粱一夜之间声名大噪，乔赢也被舆论冠以"中国连锁快餐的领头羊"的名号。

伴随着王府井店的火爆，全国各地要求加盟红高粱连锁的客商令乔赢应接不暇。

乔赢先是公开宣布要在全国发展100家连锁店，之后不久，他在资金不足的情况下，先后在深圳、上海等20多个城市一口气发展了50多家连锁店。当时，他甚至提出了"2000年在全世界开办两万家连锁店，70%在国内，30%在国外"的扩张计划。

由于企业扩张太快而资金却严重不足，红高粱公司陷入资金危机。1997年，红高粱开始以入股的方式招收会员，后来又终止了。1998年

5月，公司总负债3000多万元，几近倒闭。

1999年，乔赢重新定位，并吸引了美国一家风险投资公司投资100万美元开始筹建红高粱电子商务项目，意图力挽狂澜。

但此前的集资事件让乔赢的此次计划中途夭折：2000年，83名集资人联名就红高粱非法吸收公众存款的行为向中国人民银行郑州中心支行、郑州市公安局举报。同年10月，乔赢被逮捕。

前面有车，后面有辙，野心过大，终会招祸。乔赢的败因，学者研究得多，办企业的研究得少，这也是有更多企业家"前赴后继"的原因。

1981年5月出生的吴英是东阳市歌山镇塘下村人。从学校出来后，先跟一个亲戚学做女子美容，后来她自己在东阳西街开了一家美容院，其中"羊胎素"项目帮她挣到了第一笔钱。

随后，她准备涉足汽车行业。她发现买卖汽车的利润远没有租赁高，就立马到义乌和他人合伙开了一家汽车租赁公司，一下子买进10多辆车，结果生意相当红火。

不久，她又开了一家叫千足堂的足浴店，规模为东阳最大。后来又到义乌开了一家。与此同时，她还在东阳西街开了喜来登KTV。

吴英对市场似乎有着一种先天的敏锐触觉。她认为，韩剧肯定会带来韩流，于是马上就到广州了解市场，最后在东阳和义乌开了3家韩品服饰店。

吴英在完成资本积累后，开始介入期货行业。她专门请了许多专家，认真研究投资。最后选择了铜、天然橡胶、原油等投资，结果取得丰厚利润。

吴英发现塑料的原料非常紧缺时，立马又到齐齐哈尔采购了大量聚氯乙烯等材料，又大赚了一笔。吴英的资本就这样得到了飞速增长，数以亿计。

但从天而降的巨款砸昏了头脑，吴英开始了她的野心之旅。

2006年2月，吴英在娘舅家湖北荆门，开设了信义投资担保有限公司，注册资金1000万元。3月，吴英又在浙江诸暨注册成立另一家信义投资担保有限公司，开始介入民间借贷、铜期货等交易。

从2006年4月起，短短的几个月内，她一口气开了12家公司，筹建4家公司，买下东阳世纪贸易城700多间铺面，并捐款630万元，一下子"烧掉"了3亿多元人民币。公司包括商贸、房产、酒店、连锁店、网吧等，用甚至高达1角钱利息借来的高利贷，投向了那些短期内很难见效的各种项目之中。

其他公司的保安工资只能拿到800元左右，而在本色集团却高达2000元；部门经理的年薪则高达50万到100万元，并给每人配备一辆高档轿车；她一下子买了20多辆本田商务车，还有奔驰、宝马等高档车，她自己开的是一辆价值380万元的蓝色法拉利；她耗资3800万元买下"望宁公寓"楼盘40多套房产和30多间街面房，谈判过程只有15分钟，并且采取现金交易；她为东阳市的"光彩事业促进会"砸去500万元，吓得对方一度不敢接收。

但吴英的暴富神话在2007年破灭。

2007年2月7日晚10时，因涉嫌非法吸收公众存款，正在北京筹措资金的吴英被东阳市公安机关刑事拘留。10日下午，吴英的本色集团也被查封。

法院认定，从2005年5月至2007年2月，吴英以高额利息为诱饵，以投资、借款、资金周转等为名，先后从林卫平、杨卫陵、杨卫江等11人处非法集资人民币7.7亿元，用于偿还本金、支付高额利息、购买房产汽车及个人挥霍等，实际集资诈骗人民币3.8亿元。

2012年5月21日，浙江省高级人民法院以集资诈骗罪，判处吴英死刑，缓期二年执行，剥夺政治权利终身，并没收个人全部财产。

2014年7月11日，浙江省高级人民法院依法公开开庭审理罪犯吴英减刑一案，当庭做出裁定：将吴英的死刑、缓期二年执行、剥夺政治权利终身，减为无期徒刑、剥夺政治权利终身。

有第一次，就有第二次。有了乔赢，就会有乔赢二世、乔赢三世。在政权上，秦始皇没能实现统治的二世、三世……千万世，在企业经营上，盲目冒进、贪欲膨胀的商人倒是实现了二世、三世……千万世的目标，真正可惜的是，这种现象仍大量存在并被大量复制。

在此，也呼吁一下商人们，别光顾挣钱，也抽出空看看书，比如本书，起码能使你学会量力而行，学会小心行得万里船的道理。

中山圣雅伦公司董事长梁伯强从1982年开始创业，凭着超人的毅力，他占据了指甲钳行业的制高点。如今，只要说起指甲钳市场，无论哪一个国家、地区，没有他不了解的，也没有人比他更了解的。

中国的不少企业都在提倡走出国门，走向世界，圣雅伦长久以来的梦想也是如此。

不过梁伯强很清醒，始终以一种"做足500年"稳打稳扎的心态做企业，哪里有空间就先巩固哪里，一个点一个点地突破。因为他深深地认识到，真正把产品推向世界谈何容易？

目前圣雅伦的产品有60%出口，但其中的80%都是贴牌，给别人打工，在国内才是原汁原味的圣雅伦牌。让产品占领国际市场是梁伯强做梦都在想的事，但野心，得让它慢慢长大。

梁伯强是明智的，有野心是好事，可野心也要有个度，也要等它慢慢长大。

03 切忌一意孤行

凡事不可失度。企业家要有坚持自己的主张、与众人观点作对的勇气，这是事业成功的要素之一。但如果失度，变成刚愎自用，这又是导致失败的一个重要原因。

什么都做对了，一定会成功，但成功并不等于什么都做对了。有些人功成名就后，认为自己的做法肯定是对的，却未意识到其中有很多偶然因素。如果他们一意孤行，按自己认为对的那样做，在没有偶然因素发挥作用时，结果就大不一样了。

2014年初，在国内一家著名时尚类媒体供职6年多的刘洪源，认为自己积累了多年的资源与人脉，是该独立创业的时候了，于是决定开始做以企业形象传播和营销策划为主营业务的生意。

他用在北京大兴区的住房质押，借贷了90万元。为了显得气派，在大兴区最豪华的写字楼租了办公地点，200平方米的办公区，每月租金3万元。

紧跟着是招聘员工。招什么样的人？招多少？

刘洪源认为，既然已经走上了"形象工程"的道路，而且不久还要谋划着与香港财团合资，当然人气很重要，至少招15人吧，每人月薪5000元，还有提成。同时团队的事业激情也十分关键，因此招聘的大都是充满理想主义的年轻大学生。

年轻最大的优势就是想干事，可最大的劣势就是不会干事——尤其在需要无数经验和智慧堆积的咨询顾问行业，人多并非力量大。

事实很快让刘洪源痛苦地发现：其实在真正的商业操作中，"有

人气不如有财气,有热情不如有水平"的说法,是绝对的真理。

终于,公司依靠刘洪源的老关系接到了一笔生意,为某连锁加盟企业造势,广告费用40万元。事后,刘洪源赚到了15万元的毛利润,上上下下都大受鼓舞。

只可惜这靠的是昔日关系而不是团队实力,刘洪源决定转变思维:由大家冲锋陷阵,自己运筹帷幄。尽管此后公司在几个月里接了不少单子,但入不敷出,每月房租、水电、工资等各项开销不少。

刘洪源的公司很快进入财务危机阶段,开张不到一年的时间,他的公司就和无数新开张的公司一样,面临"守"还是"走"的信心危机。2014年末,当刘洪源停止支出最后一笔房租后,他的公司也走入了尾声。

中国不少企业(尤其是民营企业)的管理者,都是集创业者、所有者、决策者和执行者于一身的,是企业里的老大,拥有绝对权威。这种情况会导致处事独裁武断,决策一个人说了算。

针对这种情况,有人说,这种权力的高度集中必然使我们的企业家个人拥有全世界最高的经营失误机会和决策错误机会。

对此深有体会的史玉柱也说:"决策权过度集中在少数高层决策人手中,尤其是一人手中,负面效果同样突出。特别是这个决策人兼具所有权和经营权,而其他人很难干预其决策,危险更大。"

一个管理者独裁、武断,自然不会考虑别人的意见,不会集思广益。他们往往过于相信经验,相信自己的历史,进而相信自己的直觉,因而听不进去他人的意见或建议,这往往导致管理者做出错误的决策。决策错误必然会给企业带来损失,严重的话,可能会使企业破产倒闭。

有专家专门分析了改革开放以来中国企业家失败的案例,最后得出，中国企业家失败的原因大多是决策失误，而决策失误的一个根本原因是独裁武断，一个人说了算。

比如巨人集团总裁史玉柱在检讨失败时就曾坦言："巨人的董事会是空的，决策是一个人说了算。因我一人的失误，给集团整体利益带来了巨大的损失。这也恰好说明，权力必须受到制约。"

不仅是史玉柱，很多被全国人民所熟知的著名中国企业家都是在"独裁武断"这个问题上栽了跟头。

作为一个管理者，怎样才能做到不独裁武断，不重蹈前人的覆辙呢？有位企业家这样感叹："假若时光真的能够倒流，假若真的能有东山再起的机会，我首先要做的最重要的一件事情，就是要在企业内部建立一套完善的制约和监督机制。"他告诉我们，要做到不独裁，最好的办法是在企业内部建立一套完善的制约和监督机制。

英国思想家阿克顿说过："权力导致腐败，绝对的权力导致绝对的腐败。"在企业的经营管理过程中，管理者的权力越大，他独裁武断决策的可能性就越大。

所以建立一套完善的制约和监督机制很有必要，因为它可以制约管理者的权力，监督管理者的行为。

◆冯仑故事：控制风险，尊重商业周期

冯仑认为，个别项目或者特殊阶段赚钱快、赚得多，要绷根弦，不要坐地起价，要涨价有道，产品一定要有相对优势。

2007年房价涨得有点快，冯仑认为，一方面跟大家对市场的预期有关，另一方面和土地资源的获取越来越难有关。

这段时间房价不断涨，买家也预期涨，所以越涨越买，这样一来市场比想象中的增加速度还快。

另外，我们完全没有预期到的一部分需求也挤进了商品房市场。

我老开玩笑说未婚女青年推动房价上涨，为什么呢？女孩子90%以上都说不买房子就不能结婚。这样一来买房年龄大大提前。

对于房价为什么会被带动起来，冯仑也有自己的看法：

有一个没有预计到的预期就是，中国人的文化带来的财务关系相对来说边界不清楚。比如说孩子要买房子父母可以出钱，在美国不可能这样；在中国或者你挣钱多了，家里兄弟姐妹买房你得给钱，所以中国有很多预测不准的需求。

由于中国人的买房年龄提前，这种特殊性加上财务关系边界不清楚，亲戚朋友互相凑钱，这样实际上比想象的市场需求要大，房价就给带动起来了。

另外一方面，开发商本身获得土地资源也确实越来越难，所以他就想在这一个项目上多卖点儿，多赚点儿。这本身从商业角度看不能说是错的，也是"商之常情"。

对此，冯仑认为，贪心也要有一定的道理，才能在房地产市场长久地存在。

冯仑认为，在发展速度上一定要尊重商业周期，顺应行业规律，否则早晚会为一时的冒进付出更大的代价。冯仑认为：

让一个公司死掉最大的可能性不是来自社会革命，也不是来自技术进步，更不是自然灾害，而是商业周期波动，商业周期波动会淘汰一个行业大部分企业。

现阶段市场正处于繁荣萧条交替的阶段，对于开发企业来说，最重要的无非是要具有反周期思维，按照市场周期性循环调整自己企业的发展步伐。

◆冯仑启示：

01 冒进只会自食苦果

一个可爱的小孩看着桌子上的瓶子，里面装着五颜六色的糖果，口水都要流下来了。

旁边一位慈祥的老人笑着说："你要是喜欢，可以随便吃，不要客气。"

小孩子伸出小手，抓了满满的一大把，但是瓶口太细，鼓胀着的小手被瓶口卡住了。他仍然不甘心地转动着手臂，因为他舍不得放弃手中的糖果。

小孩子的手拿不出来大哭起来，老人语重心长地说："孩子，只要你少拿一点，你的手就能出来了。你可以多拿几次，一次少拿一点不就行了吗？"

如果把糖果换成金钱、权势、美色，想必商人们也会像小孩子一样难以抗拒这些甜蜜的诱惑吧？

人往往会因为贪婪和欲望的膨胀而变得愚蠢。

很多生意人就是这样，"心比天高，命比纸薄"，瞪着贪婪的眼睛，纠缠在利益上，到头来却什么都得不到，因为他总想着一次就能大捞一把。

出于这个目的，他会把投资做得很大，把摊子铺得很宽，还会在时机尚未成熟的时候扩大规模，而这一切无非就是想把网撒开捕捞大鱼，希望一夜就能赚足一生享用不尽的财富。

这种急功近利的心态和想"一口就吃胖"的贪婪往往让人失去更多，而不是得到更多。

2006年，五谷道场几乎是同时在50多个城市设立办事处，半年内员工数量一度扩展到2000多人，这对一个新成立的公司来说，运营成本与管理难度都是空前的。

伴随着在全国的扩张，五谷道场在北京、河北、山东、河南、江西、吉林、四川、广东等地自己投资建立生产基地，计划到2007年底建成20条生产线，每月产能要达2亿元。

且不分析这样大的产能预计是不是符合市场规律，因此而产生的资金压力也绝对是空前的，而且生产基地的投资回报都是几年后才能见到的，是需要占压大量资金的重大行为，需要企业有雄厚的资金实力和通畅的融资渠道才能做成。

实践证明，五谷道场崩盘的直接原因就是因为投资产能多方占压资金造成的：对员工工资的占压导致大量员工流失，对经销商资金的占压导致渠道崩盘，对流动资金的占压导致生产无法开展屡屡断货，最终导致运营无法为继。

工作中要忍住贪欲，防止冒进，创业中更应如此。创业是一个人一生之中的大事，如果半途而废，就有可能就此沉寂。打工如果因冒进遭到失败还可以换一份工作，在创业途中遭到失败，有时就是致命打击。所以，要格外重视，不可不慎重，有多大劲使多大力，可不要贪图大利，不顾实力，小马拉大车，最后落个事事皆空。

忍住贪欲，就不要急功近利，要认清自身实力，量力而行。付新

国就是因为急功近利，急于求进，最后落了个失败的命运。

1990年，付新国带着4000元到武汉发展，先卖小百货，后来卖西装，进了300套，卖了3个月，赚了6万多元。

1995年，付新国在中南商业大楼租下了7个柜台，并以长鑫西服一炮打响，当年就成了中南商业大楼的百万销售冠军，将美尔雅、杉杉远远抛在了后面。但付新国并不满足这种单纯的商业经营，他想自己生产西服，创自己的品牌。

1997年8月，付新国找到与他长期合作的温州市长城针织服装厂厂长金长根，在付新国反复再三地动员和劝慰下，最后金厂长同意派几个人来武汉，跟随付新国一起创业。

1999年8月，他在武昌的一个大院里租了600平方米的仓库，万鑫服装厂就这样挂牌了。万鑫开业头一年就创下了190万元的销售额。随后几年间，万鑫更是得以迅猛发展，付新国在一片掌声和鲜花中，实现了万鑫从一家小型服装厂到企业集团的巨变。

有了充足资金的付新国开始考虑如何做大做强。他很快就投资3300万元，在武汉市经济开发区买了一座16000平方米花园式标准厂房和3400平方米的职工宿舍，并在汉口买下4000平方米的总部大楼。

随着厂房和配套设施的扩大，职工也由原来的200多人迅速发展到500多人。付新国在扩大生产规模和保证质量的前提下，又一次性从德国、日本和意大利引进了近1200万元的先进设备。

但这些用来买房和添置设备的钱基本上都是从银行贷的款，以前的厂房、职工宿舍、办公楼虽是租来的，但每年只须交30万元的租金，而现在每年付银行的利息就接近400万元。

这些对财大气粗的付新国来说已不算什么了，很快他又加大了广告力度。付新国说："女人穿花色，男人讲牌子，酒好还须多吆喝。"

自万鑫西服上市后,他就从未停止过做广告。

后来,万鑫已经家喻户晓了,付新国仍然继续在电台、报纸、户外广告上到处撒钱,任意轰炸,每年的广告费高达700多万元。

付新国还在武汉以外的市场广为布点,一时间,上海、郑州、长沙、成都、天津等地都有了万鑫的专卖店,销售网点由原来的60多家一下子增加到100多家。

付新国把前期赚的钱几乎全部用在了市场开发上,然而,专卖店的投入跟企业的效益却不成正比。

2004年,付新国仅在武汉中山大道上就连续开了两家专卖店,一年的人员工资和房租、水费、电费就得60多万元。

让人意想不到的是,由于市场异常疲软,付新国不得不对产品进行适时调整。原本1000多元的毛料西服现在只能4~5折销售了,而这些毛料西服每套的制作成本均在400元以上。

营业员的工资是底薪加提成,所以他们的提成越高专卖店的亏损就越大,有的专卖店一年甚至亏损几十万元。万鑫表面看似红火,其实是卖得越多亏得越多。

万鑫的投入总量大大超过了自身承受能力。

一个企业扩大后,除了资金,技术和人才也必须同步跟上。然而,万鑫的员工数量虽然在成批成批地增加,但高技术人才却难以进来。那些老技术人员更加故步自封、裹足不前,且企业还要用加倍的待遇去稳住他们,担心他们跳槽。

比如规定:高层管理人员的年薪均在10万元以上,每年来回两次的飞机票,加上生病、住院的钱全部报销;普通员工每月的工资平均2000元以上。付新国还长期给他们无偿提供住房,不仅水费、电费免了,连棉被等生活用品都是免费发放的。

2005年底，付新国从公司财务部上报的情况中了解到，当年的总销售额6000多万元，而销售成本却是2000多万元，这是他万万没想到的。正是在这些毫无节制的漏财行为中，付新国赚来的家当被掏空了。

2006年春节前夕，付新国的万鑫公司终于走到了尽头。这个在付新国眼中马上要崛起的企业，竟然突然间坍塌，付新国心中充满了苦楚。他却不知道，万鑫由自己一手建立，也是由自己一手毁掉的。光看到了光明前途，不注重漏财行为的节制，这犹如把楼建在了沙滩上，结果是再结实的楼房也会塌掉的。

企业要想良性发展，要把好两道关：钱要挣得好，又要花得好。有些企业挣到钱后，不是大肆挥霍，一掷千金，就是视钱如命，一毛不拔。这都是理财能力欠缺的表现。

企业家都明白：将资金投入生意场的目的，就是为了用来赚钱，并且要切实有效地减少浪费，以赚取最大的利润回报。一个人若想获得财富，非先有克制欲望的能力不可。

俗话说："吃不穷，喝不穷，算计不到一世穷。"只有做到少花钱多办事，才能使事业长久，财富长久。

其实，商业上的胜利缘于一种"隔岸观火"的态度，不急不躁，绝不盲目跟风，始终保持一颗冷静的头脑，才能捕捉到最佳机遇。

刘永好、刘永行等四兄弟创立的希望集团以颗粒饲料起家，经过数年的奋斗创业，到20世纪90年代初，已成为全国知名的民营企业。希望集团的诞生给刘氏兄弟的事业发展带来无限生机。

1992年，他们率先把公司变成了全国第一家民营企业集团，开始了大兵团作战。当时希望集团书写的大字标语遍布广袤的城乡大地："希望养猪富，希望来帮助。"

在成功的道路上,刘永好最大的特点是不盲目、不浮躁,看不准的时候,一定不轻易做出决策,而是以逸待劳、静观其变,以便得到更多的观察和思考的机会。

第一股海南地产热时,曾有人建议希望集团搞房地产开发,并向总裁刘永好大传生意经,也就是炒地皮。

当时海口开发,的确有人从中赚了很多钱,刘永好于是也注册了公司,准备投入到这片热土中经营。

但是实地考察后,他发现这种投资具有很大的盲目性,疯狂的炒卖无异于"击鼓传花",这种游戏终有停下来的时候,于是,他决定暂时退出这种浮躁的投机经营。

邓小平发表南方谈话后,刘永好觉得真正的机会到来了,这回他满怀雄心,大胆地走出四川,先后在上海、江西、安徽、云南、内蒙古等20多个省、直辖市、自治区开展与国有、集体、外资企业的广泛合作,迅速进军房地产市场。1997年,刘永好在成都注册了新希望房地产开发公司,并迅速完成了第一轮开发的积累。

刘永好把新希望房地产开发从一开始就放到了高起点、大规模的平台上。锦官新城作为新希望房地产的开山之作,一问世,首期开盘3天之内就销售了1亿元,创造了成都房地产奇迹。

2000年11月,民生银行上市,刘氏兄弟分别以四川新希望农业股份有限公司和四川南方希望有限公司名义拥有民生银行股份。

2015年10月15日,胡润研究院发布《2015胡润百富榜》,刘永好家族以450亿元财富排在第25位。

天下没有免费的午餐。刘永好相信一步一步地扎实创业,只要积累到一定程度,踏出关键一步,就能成功。他不相信盲目投资会一夜暴富的神话,不相信送上门来的好处。在秩序紊乱之时,他不盲目从

事，而是静观风云变化，细察浪奔浪涌，以逸待劳，等待良机。

刘永好适时而动，进军房地产业的成功启示人们：动荡之时要冷眼观潮，切忌盲从跟风；平静之时积蓄实力，看准机会果断出击。

02 察觉危机，走出困境

优秀的企业管理者，总是有着非常强烈的危机意识，总是有着十分敏感的神经，总是担心会有什么样的情况出现。

如果一个管理者缺乏应有的危机意识，那他所面对的就是另外一种结果，就如同下边的这个故事一样：

在巴西桑托斯的海顺远洋运输公司门前，立着一块5米高、2米宽的石头，上面密密麻麻地写满文字，记载了一个让人心情沉重而又引以为戒的故事。

40年前的一天，海顺公司收到"环大西洋"号的求救信号，要求马上派人前去营救。

可当救援船赶到出事地点时，"环大西洋"号已经消失了，不见一个船员，只漂着一个救生电台，仍在有节奏地发出信号。

望着平静的大海，大家都非常疑惑：为什么一艘先进的船居然会在这里出事？

这时，有人发现了一个瓶子，他打开瓶子，发现一张纸，上面有21个人的笔迹：

一水（执行操舵、航行值班职责和日常甲板部维护保养工作）理查德：3月21日，我在奥克兰港私自买了一个台灯，想给妻子写信时照明用。

二副瑟曼：我看见理查德拿着台灯回船，说句"这个台灯底座轻，船晃时别让它倒下来"。

三副帕蒂：3月21日下午离港，我发现救生筏施放器有问题，就将救生筏简单绑在架子上。

二管轮安特耳：检查消防设施时，发现消防栓锈蚀，心想还有几天就到码头了，到时再换。

船长麦凯姆：起航时，工作繁忙，没有看甲板部和轮机部的安全检查报告。

机电长科恩：3月23日14时，我发现跳闸了。因为以前也出现过这种情况，便没多想，将闸又合上了，没有检查原因。

电工荷尔因：晚上值班时，我跑进了餐厅。

……

看完这些纸条，谁也没说话，仿佛看到了整个事故过程：火灾从理查德房间引发，消防栓没有起到作用，救生筏放不下来，最终一切无可挽回。

如果对危机没有充分的认识，由于忽视了一些重要的细节，最终就可能酿成一场弥天大祸。

CEO的首要职责就是管理危机，青岛啤酒董事长金志国就说，你看看"赢"字，首先是一个亡，战略管理首先也得是一个"亡"，首先是管理"不死"，再管理发展，面对危机，要有准备，才可能在此基础上去谈进一步的发展。

正如张瑞敏所说的那样："一个伟大的企业，对待成就永远都要战战兢兢，如履薄冰。"一个优秀的创业者，要时刻保持危机感，在危机中保持企业的平稳发展，在危机中发现有限的机会，在危机中寻找自己持续发展的可能。

做一个追风筝的人
——冯仑的商业理想与感悟

有这样一则寓言：

有一天，龙虾与寄居蟹在深海中相遇，寄居蟹看见龙虾正把自己的硬壳脱掉，露出娇嫩的身躯。寄居蟹非常紧张地说："龙虾，你怎么可以把唯一保护自己身躯的硬壳也放弃呢？难道你不怕有大鱼一口把你吃掉吗？以你现在的情况来看，连急流也会把你冲到岩石上去，到时你不死才怪呢！"

龙虾气定神闲地回答："谢谢你的关心，但是你不了解，我们龙虾每次成长，都必须先脱掉旧壳，才能生长出更坚固的外壳。现在面对危险，只是为了将来发展得更好而做准备。"

如果你去过欧美一些国家的商店购物，会发现一个很奇特的现象：国外卖的皮鞋，标明"Made in China"，同样的款式，同样的号码，同样的颜色，价格居然比国内的还便宜。

当然，造成这一奇特现象的并不是"狡诈精明"的洋商所为，而是国内众多的皮鞋生产企业恶性竞争的结果——相互压价。你出价10美元，他出价5美元，最后一双时髦的皮鞋卖4美元。

印图案的T恤衫卖10美分，已经接近成本，甚至低于成本在出口，便宜了洋人，亏了自己。最终8亿件衬衫换一架空客飞机，还被扣上"倾销"帽子受到进口限制，绝对值得每一个中国外贸出口企业反思。

贪图眼前的蝇头小利，为了工厂能够开工，为了争取出口创汇的美名，我们的企业成了一台看别人眼色、可有可无的"打工机器"。这正是最为可怕的、一个企业看不到的危机，最后将为自己酝酿的苦果付出惨重的代价。

这种看不到危机、盲目竞争、过度竞争的结果，导致大多数加工企业处在"血拼"状态，看不见未来。

而正是这种得过且过、不思进取、小富即安、贪慕虚荣的心态，正在影响中国从制造大国迈向制造强国、创新强国、品牌强国，而是依赖简单的工艺技术、廉价的劳动力，这样脆弱的底线还能坚持多久呢？

刘辉是南方一个玩具厂的老板，厂里生产的玩具一般不在国内销售，主要出口国外。但是，2008年金融危机爆发后，国外的订单大幅减少，这使得工厂生产的玩具大量积压，资金链断裂，陷入了困境。

刘辉感到茫然无措，觉得无力抵御金融危机的冲击，于是就关掉了玩具厂。

与刘辉的玩具厂情况相同，金融危机爆发前，张保元的玩具厂主要也是靠出口。但是危机爆发后，张保元没有陷入迷惘的境地，而是清醒地看到中国人多，购买力强，市场大。

于是，他积极考察国内市场，根据国内的市场需求，迅速掉转方向，生产中国儿童喜欢的玩具，并积极开发销售渠道。这样，他的玩具厂在危机中生存了下来，并且得到了比以往更多的订单。

作为一个管理者，只有保持清醒的头脑，才能看准市场的发展状况，才能把握住发展的机遇，才能带领下属找到正确的发展方向，提高下属工作的积极性，使企业健康长久地发展下去。

如果一个管理者由于安于现状、不思进取、目光短浅等种种原因没有危机意识，不能及时发现危机，那么危机就会由小变大，待其爆发时，就会非常难以处理，甚至让人束手无策。

湖北曾经有一家发展很快的高新技术企业，老板很优秀，经过艰苦努力，3年间就把小公司办成了资产上亿的大公司，并被省政府授予"省级明星企业"。

这个企业的老板因为自己的成功很自豪，很满足，认为公司的技术非常先进，公司已经走上稳健发展的轨道，他可以放松放松了。于是，他花在主要业务上的时间与精力日渐减少。

由于他喜欢唱卡拉OK，他就把时间和精力投入到了这上面。

他先是建了一个规模不太大的卡拉OK娱乐厅，在娱乐厅里为自己准备一个单间，几乎每天晚上都在这里玩。

后来他又建了一座那个城市里最豪华的综合性夜总会，夜总会里依然有一间属于他的豪华单间，他不但每天自己泡在这里，还常常请公司的人来这里玩。

他的歌比以前唱得更好了，几乎每一首刚刚流行的歌曲他都会唱，而且舞姿比以前更优美了。但是，几年之后，由于同行业企业的技术水平远远超过了他的企业，所以最终导致他的企业不得不宣布倒闭，退出市场。

这个案例告诉我们，一个没有危机意识的管理者是管理不好企业的。正如联想集团的总裁柳传志所说："我们一直在设立一个机制，好让我们的经营者不打盹。你一打盹，对手的机会就来了。"

一个管理者要想使企业健康稳健发展，就要认识到企业无处不被危机包围着，要在头顶高悬达摩克利斯之剑，时刻保持危机意识。即使处在顺境中，也要居安思危，未雨绸缪，始终让危机意识这根弦不能松。

《摩尔定律》一书在阐释微软革命时提出了一个重要理念："你永远不能休息，否则，你将永远休息。"比尔·盖茨也时时把那句"微软距离破产永远只有18个月"的名言挂在嘴边。

这句话也是微软公司文化中的一条内容：每天早晨醒来，想想王安电脑，想想数字设备公司，想想康柏，它们都曾经是叱咤风云的大公司，而如今它们都烟消云散了。一旦被收购，你就知道它们的路已经走完了。

有了这些教训,我们就常常告诫自己——我们必须创新,必须突破自我。我们必须开发出那种你认为值得出门花钱购买的 Windows 或 Office。

因此,企业在顺境中,也要时时保持和培养危机意识,时时如履薄冰,时时思考学习,时时不懈奋斗,时时警惕自己,有所为,有所不为,不要因为眼前的成功而冲昏头脑。

生于忧患,死于安乐,要把这句老话铭记在心。

03 理性赚钱,拒绝赌性

资金少、实力弱是创业者都会遇到的问题,因此通常情况下要求创业者必须是通才,什么工作都会一点。

有的创业者由此认为自己全能,只要自己花点功夫,什么事情都能做得像模像样。这会导致一个问题,就像行为金融学家所发现的那样:大部分的投资者,包括创业者在内,都喜欢高估他们关于投资的知识和能力。

浙江的万青从 20 世纪 90 年代初开办制衣厂,从一个乡镇小厂发展到工人过百的中型厂。他一直克勤克俭,赚到的钱都放在扩充业务、添置新机器上。20 世纪 90 年代末制衣业迅速发展,有同业向他提出收购建议,他一口拒绝,认为工厂是他的根基。

随着制衣厂逐年发展,市场竞争日益激烈,2003 年起,万青的企业发展遇到了瓶颈。

此时,万青将目光转向了股市。于是在同乡的"指点"下,万青也想跟风炒作两手，把当年赚的钱全投入股市——结果泥牛入海，损失惨重。幸好制衣厂还在，不致破产。

不少创业者都有一种偏执，认为生意从无到有倾注了个人的大量心血及精力，不肯出让。其实办企业、做生意的目的只有一个，就是赚钱，其他目的都是次要的。赚钱是纲，其余是目，纲举目张。

在公司高峰时期，公司价值最大，若有投资者看上了，卖出部分股权套现也是经商之道。很多首富每次"变卖"家当——集资或出让业务，都是在经济高峰或该行业巅峰时。

赚钱是理性行为，不能受个人感情支配。

同时，万青犯下的另一个错误是"赌性"。股市是高危的投资行为，这种高风险投资项目成功的话，个人财富可以一年翻一番，这是创业期最诱人之处。但这种高风险投资占了创业者大部分身家，其理财活动应以保障、保本、安全为目的。

做生意总有变数，在赚钱之时，应把部分利润锁定，从公司转为个人财产。这笔"化公为私"的财产，是提供家人安定生活的养分，没有必要冒险。

中国航油（新加坡）股份有限公司前执行董事兼总裁陈久霖，本是人们眼中的成功人士，但赌徒心态和玩命式的投机方式让他在国际期货市场一败涂地，更令一个庞大的企业面临着被清算乃至破产的命运，给国家造成了巨额经济损失。

1997年，在亚洲金融危机中，陈久霖奉命出任中国航油总裁，被派接手管理中国航油（新加坡）股份有限公司。

这家公司自成立之后就处于持续亏损状态，陈久霖却让公司业绩扭亏为盈，短短几年时间，公司的净资产增幅高达761倍。

陈久霖更将公司在新加坡包装上市，成为当地的明星企业，他也由此获得了"亚洲经济新企业领导""打工皇帝"等盛名。

辉煌的成功使陈久霖越来越相信自己的能力和运气，自他出任中国航油总裁之后共进行了 4 次大收购，他却认为这是 4 次"豪赌"，还自负地说："我经常会以某种'赌'的精神，致力于公司的发展。"

在这种赌徒心态支配下，他渐渐抛开了正常的经营之道，剑走偏锋，炒起了风险极大而自己又毫无经验的石油期权，利用手中掌握的巨额国资再次进行"豪赌"。

从 2004 年起，陈久霖掌控的中国航油开始在未经国家有关机构批准的情况下，擅自从事石油衍生品期权交易，在初期也算小有斩获。

偶然的胜利更是让陈久霖得意忘形，认为自己是这方面的天才。但实际上，他连止盈、止损这两个投资理财中不可缺少的基本手段都没有弄明白，只是一味投机，结果很快就出现了亏损。

在 2004 年末石油期货价格迅速攀升之时，陈久霖又做出了错误的判断，出售大量看涨期权（即所谓卖空），最终导致公司 5.5 亿美元的巨额资产付之东流。

2005 年 6 月 9 日，陈久霖等 5 名中国航油（新加坡）公司的高管被正式提起诉讼，陈久霖面临包括发布虚假消息、伪造文书、涉嫌内线交易等在内的 15 项指控。

2006 年 3 月 15 日，陈久霖在新加坡法院就六条罪名认罪。他为自己的一时疯狂付出了巨大的代价。

不可否认，成功人士都有某种程度的赌性。经营本身就是一种挑战，冒险与收获是结伴而行的，要想有丰硕的成果，就得敢于冒险。

改革开放初期，造就了一批富人。分析一下这些富人的特征，就是胆子大，别人不敢做的他们敢做，别人不敢想的他们敢想。也正是由于这种拼一把的胆量，使得他们脱颖而出。

剩下大多数人，还处在计划经济的思维下，放不开大脑就放不开手脚，结果也只能接受平庸的命运。

不怨别人，就怨你的胆子不够大，怨你没有拼一把的精神。

刘先生看中了某品牌豆浆连锁项目，第二天就跟项目方联系到示范点"考察"，看到生意很好，很快签订了加盟合同。并接手一个正在转让的16平方米的门面，交了4000元设备转让费，承诺每月支付房租1400元。

结果，开业第一天只做了38元的生意，以后几天更是每况愈下，一个月下来亏了上千元。后悔不已的刘先生这才意识到，当初上这个项目太草率了。

王女士听朋友介绍，某品牌的鸡脖子连锁店生意很兴旺，已在全市开了30多家连锁店，有的店一天的营业额就达1000多元。

她也亲眼看到了两家店红火的场面，于是就交了3000元加盟费开了一家新店。然而，开张一月有余，平均每天的营业额不足百元，不得不匆匆关门歇业。后来她总结说，这是头脑发热所致。

胆量绝不意味着鲁莽，头脑发热不叫胆量，蚍蜉撼树也称不上是胆量。勇敢只有与智慧有机地融为一体才称得上是胆量。

赚钱是需要冒险精神，但不能有冒进行为。

怎么区别冒险与冒进呢？

有一个这样的比喻：一个人要进一个山洞里面取一块金砖。如果那山洞里面全是野狗，这就是冒险；如果那山洞里面全是老虎，这就是冒进；如果那山洞里没有任何动物，但也没有金砖，那么还是冒进。

想赚钱一定要分清冒险与冒进的关系，要区分清楚什么是勇敢，什么是无知。无知的冒进只会使事情变得更糟，你的行为将变得毫无意义，只能惹人耻笑。

◆冯仑故事：减少决策，拒绝诱惑

管理企业的第一要诀是"减少决策，拒绝诱惑"。然而有些企业往往每年、每个月，甚至每个星期、每天都有新的决策出台。

冯仑认为，这样频繁地出台决策对企业并没有什么好处，甚至还可能害死企业。正如他在接受《商务周刊》采访时说到的："决策的数量越少，决策的质量就会越高""如果总想着占便宜，心里就会乱想，乱想就会乱动，乱动就会动乱，动乱就会不治，不治就会死"。

说到减少决策这个问题的时候，冯仑用了一个比喻："减少决策是做一个决策管一辈子，就像一个女人嫁一个人，做这一个角色，终身大事一下搞定。"

冯仑之所以主张"减少决策"，还得益于他的合作伙伴。

万通的长期合作伙伴之一是香港置地，而香港置地的母公司是英国有着170年历史的大型家族企业怡和集团。

和怡和集团合作的时候，冯仑曾向这家百年家族企业的掌门人请教过经营的经验，对方说就是减少决策。

关于这一段经历，冯仑曾在周年反省会演讲时特别强调过，他说：

今年过年时，我去英国怡和集团的总部参观。

这是家拥有170多年历史的家族公司，我问了他们的董事长一个问题："怎样经营财富、保有财富、发展事业？"

得到的答案只有四个字："减少决策！"

新的决策就意味着要进入新的领域，要冒新的风险，这就有更大的失败可能。

从怡和集团回来后，冯仑就开始着手减少万通的决策。他认为，所谓减少决策，就是要求决策者在决策之前把情况完全想透，然后再简单复制即可。

因此，虽然这几年万通在表面上看似平静，但实际上从来没有停止过思考。它把很多时间投入到了从战略高度重新设计商业模式，用战略导向代替机会导向等工作之中。

这样做使得万通减少了很多不必要的决策，降低了企业的风险，从而为万通的长远发展提供了重要保障。

同时，在"拒绝诱惑"方面，万通做得也很成功。

很多时候，任何一个企业的持续发展不是高歌猛进的结果，而是抵制诱惑、控制风险的结果。在冯仑眼里，民营企业的成功之道就是"减少决策，拒绝诱惑"，企业的诱惑还包括捷径、金钱和权力，其中最难戒的是捷径。冯仑说：

在所有的发展过程中，最容易受诱惑的就是各种机会。做企业的时候，常常会遇到什么人说这边有个什么什么关系，那边又有个什么省力赚钱的好事，这些都对一个企业是诱惑，这就是捷径。

然而所谓捷径并不是真正可以少走弯路，对于一个企业来说，捷径往往是可以少做本分的事情，却要多做些其他的事情，甚至是些旁门左道。

少花功夫、快进钱、多赚钱的诱惑着实让人难以招架，所以就自然有人纷纷跳进一些五光十色的"圈套"当中。

很多企业因为想走捷径，误入"圈套"之中，结果落得一败涂地。

冯仑看到过很多这样的事例，所以他总是告诫自己，要拒绝诱惑，不要走捷径。他认为，人人都喜欢走捷径，不愿意练真功夫，结果往往是鸡飞蛋打，一无所获。因此，对于企业领导人和企业本身而言，走捷径总是行不通的。

王石在拒绝诱惑方面就很令人称道，可以说，万科今天的成就与他拒绝了很多诱惑是分不开的。

王石拒绝的诱惑主要有三个方面：第一，拒绝多元化的诱惑，专注于房地产；第二，拒绝暴利诱惑；第三，坚持不行贿。

冯仑特别佩服王石拒绝各种诱惑的能力，他评价说：

因为王石拒绝了当老板的诱惑，所以才能够以一个健康的职业经理人心态去面对多元化、行贿、暴利以及后续的种种诱惑和选择。

这使得万科今天能够资源集中，有一个很好的经理人文化，有一个很好的价值观，有一个很好的治理结构，而且能够在专业领域里持续增长。而王石也因此超越我们所有的人，并最终成为一个伟大的企业家。

◆冯仑启示：

01 步步为营，以变应变

决策是领导者最基本的职责，作为一名企业领导，工作的过程实际上就是不断地做出决策的过程。很多决策尤其是重大的决策都和企业的发展息息相关，因此企业领导在做任何决策时都要谨慎，即使企业的情况很好也不要自高自大。

因为福与祸、好与坏都是可以互相转化的，在一定的条件下，坏事可以引出好的结果，好事也可能会导致坏的局面。

盲目自信、轻敌，会使领导者做出错误的决策，使企业发展受到阻碍。

作为一位企业领导，尤其是那些过去曾经有过骄人业绩和成功经历的领导者，很容易走入固执、僵化和拒绝新思想的陷阱。成功很容易使他们对自己已经形成的管理模式和思维习惯坚信不疑，最终落入"过去对的东西将来一定还会是对的，过去这样做成功了，将来这么做也一定还会成功"这样一个误区之中。

企业家如果盲目自信，听不进其他人的意见，对下属的创新建议漠然处之，甚至以粗暴的方式进行打击，最终会阻碍甚至会断送企业的发展。

清末，一些官僚倡导洋务运动，他们试图通过引进西方先进技术、设备，达到富国强兵的目的。洋务派代表人物湖广总督张之洞，在汉阳兴办了当时东方规模最大的钢铁厂——汉阳钢铁厂，想把它办成世界一流的企业。然而张之洞的美妙幻梦很快就破灭了。

张之洞对冶炼既缺乏经验又毫无知识，导致出现了许多重大的决策失误。他把厂址选在"煤铁两不就"的汉阳龟山脚下，原料和燃料运费很高；没有接受工程师提出的先化验铁矿砂再选高炉的建议，主观地认为："中国之大，何处无煤铁？""就按照外国的高炉设计吧"，结果铁厂建成投产后，由于三座高炉中的两座不适于冶炼含磷较多的铁矿石，因而严重影响了产品质量。

张之洞不懂铁矿砂和高炉构造之间的密切关联性，又不听工程师的建议，单凭主观臆想盲目决策，结果断送了这一幼稚的民族工业。

管理就像在登山，如果没有闯劲的话，你将永远不会到达最高点；但如果闯劲太大，你又将面临失去一切的风险。管理亦然，如果决策时不能客观评估自己和市场的危险，就会被"登顶的狂热"所蒙蔽，就会使自己陷于危险的境地。

即使在企业发展一帆风顺的时候，管理者也不能被成功的表象所迷惑，不顾实际盲目决策。要知道，企业的经营环境时刻都在变化中，情势瞬息万变，一切都未可预知。

因此，企业领导者在为企业决策时，宁可把自己看得扁一些，也不可过于乐观地估计企业的前景和自身的优势，盲目做出过于自信的决策，否则很可能会使企业变成学老鹰的乌鸦。

20世纪初期，美国出现了一家世界知名企业——胜家公司，该公司是由创始人米顿·胜家靠生产缝纫机起家的，拥有22个专利权，每年的缝纫机销售量高达20多万台。

胜家公司是美国首家跨国工业公司,在世界各地都设有生产工厂,它所生产的"胜家"缝纫机曾风靡全球。

20世纪40年代是胜家公司的黄金时期,当时世界上每3台缝纫机就有两台是"胜家"牌。然而在1986年,这家最古老的缝纫机制造商却沉痛宣布:公司不再使用"胜家"商标,而且从此也不再生产缝纫机。

一个享誉世界的古老品牌为何落得如此下场?其原因就是没有跟上时代的步伐,忽略了增强实力的战略。

胜家公司的经营佳绩使其在缝纫机市场取得了统治地位,此时,企业经营者对胜家传统产品十分信赖。到了20世纪80年代,他们仍然在生产19世纪设计的产品,始终不愿意尝试产品的更新换代。

然而,当胜家公司静止不前的时候,其他竞争者却在不断地开拓进取,纷纷开发出适应时代潮流的新产品。如日本开发出了会"说话"的缝纫机,一旦操作失误,缝纫机就会发出声音提醒改正;英国推出了能自动播放优美音乐的缝纫机;瑞典则生产出了"电脑缝纫机",它可以根据布料的特性,自动地将缝法、针脚长度、缝纫密度等调整到最佳状态。

对于时代的改变,胜家公司视若无睹,依然我行我素地坚持生产"风靡产品"。不仅如此,胜家公司的质量观念也远远地落后于时代,新时代产品质量的内涵早已不仅仅是结实耐用了,它已经发展到包括外观设计、造型、包装、功能等方面,对于这一点,胜家公司的经营者继续视而不见。

就这样,辉煌一时的胜家公司被时代淘汰了。

原本凭借当时的市场地位与形象,胜家公司完全可以在市场变化时领先一步,抢先推出一些新产品,然而,胜家公司经营者的错误认识与做法，最终导致企业与时代脱钩。

胜家失败的案例，给许多认为维持现状才是最安全的企业敲响了警钟：企业想要发展，就必须勇敢地打破成规。

时代一直在发展，在当今激烈的市场竞争中，一项产品与技术很难在市场中领先很长时间，唯有不断地创新、开发，才能适应不断变化发展的市场需求。如果企业家认为，成功只是简单的借用与仿照，那么企业终究会被时代所抛弃。

万科领导人王石，他在做决策的时候，不论是核心价值观，还是别的什么，他都为自己分好步骤。在他的理念里，有四个小步：第一，客户是企业永远的伙伴；第二，人才是万科发展的资本；第三，阳光照亮体制；第四，持续增长。

在万科成立之初，王石就是按照这样一个思路走的。到了今天，王石的观点已经深入人心。企业的成功和王石一步一个脚印有很大的关系。

1998年的时候，万科发起创建客户俱乐部，简称"万科会"。2001年的时候，万科对市场进行调查，接着对品牌进行梳理，分别提出了"展现自我的理想生活""以您的生活为本""建筑无限生活"等品牌口号。

每一年，万科都会给自己一个定位和步骤，按照自己的步伐一步步地往前走。

脚印见证决策人的成长，脚印见证企业的发展。一步一个脚印，一脚一个台阶，用脚踏实地的方式去经营自己的企业，不投机取巧，这样就会给自己带来意想不到的收获。

其实，很多的企业家在为企业做决策的时候，都理出了详细的计划表，按照步骤往前走。

上海森马服饰有限公司在近几年发展迅速，每个城市都能见到森马服装店。

森马集团在创立的时候，没有想着一步登天，而是一步一个脚印地向前走。决策人在决策的时候，给自己制定了明确的安排——"统筹安排""层层推进""扎根基础""分类指导"等等，每一步都走得踏踏实实。

企业的成功与否，跟领导者的决策有很大关系。而领导者有时对于变化的市场却没有足够的认识，当面对越来越多的竞争压力时，逃避成了最稳妥与省力的办法，这势必会给企业以致命的打击。

只有用实力去应对市场的变化，不断地发展创新，企业才能在竞争中存活下来，否则便只能走向毁灭。

02 站在全局，看到事物的本质

现代社会，随着大工业、大工程、大科学的出现，生产规模越来越大，专业分工越来越细，社会联系越来越紧密，社会活动越来越复杂，领导决策的社会影响、经济影响也越来越大。失之毫厘，谬以千里，甚至一着不慎，满盘皆输。

在这种情况下，企业领导单凭主观意志、"拍脑袋"决策已经不行了，要讲究科学决策。

《梦溪笔谈》记载了这样一个故事：

海州知府孙冕很有经济头脑，他听说发运司准备在海州设置3个盐场，便坚决反对，并提出了许多理由。后来发运使亲自来海州谈盐场设置之事，还是被孙冕顶了回去。

当地百姓拦住孙冕的轿子，向他述说设置盐场的好处，孙冕解释道："你们不懂得做长远打算。官家买盐虽然能获得眼前的利益，但如果盐太多卖不出去，30年后就会自食恶果了。"

然而，孙冕的警告并没有引起人们的重视。

他离任后，海州很快就建起了3个盐场。几十年后，当地刑事案件上升，流寇盗贼、徭役赋税等都比过去大大增多。由于运输、销售不通畅，堆积的盐日益增加，盐场亏损负债很多，许多人都破产了。这时，百姓才开始明白，在这里建盐场确实是个祸患。

一时的利益显而易见，人们往往趋利而不考虑后果。一个单位的领导一定要学会在做事关单位命运的决策时，万万不可因头脑一时发热，拍拍脑袋就制定个错误决策而毁掉一生的成果。

企业领导想问题不同于下属，他们必须宏观在握，全局在胸。他们看问题时，不能局限于一个单位、一个部门，而必须站在全局的高度俯瞰一切。在处理问题时，也必须善于系统分析和全盘运筹。

在我国历史上，能够站在全局的高度为领导出谋划策的成功范例有很多。

北宋名将曹玮有一次率军与吐蕃军队作战，初战告胜，敌军溃逃。曹玮故意命令士兵驱赶着缴获的一大群牛羊往回走，牛羊走得很慢，落在了大部队后面。

有人向曹玮建议："牛羊用处不大，又会影响行军速度，不如将它们扔下，我们能安全、迅速地赶回营地。"

曹玮不接受这一建议，也不做任何解释，只是不断派人去侦察吐蕃军队的动静。吐蕃军队狼狈逃窜了几十里，听探子报告说，曹玮舍不得扔下牛羊，致使部队乱哄哄地不成队形，便掉头赶回来，准备袭击曹玮的部队。

曹玮得到这一情报，便让队伍走得更慢，到达一个有利地形时，便整顿人马，列阵迎敌。

当吐蕃军队赶到时，曹玮派人传话给对方统帅："你们远道赶来，一定很累吧？我们不想趁别人劳累时占便宜，请你让兵马好好休息，过一会儿再决战。"

吐蕃将士正苦于跑得太累，很乐意地接受了曹玮的建议。

等吐蕃军队歇了一会儿，曹玮又派人对其统帅说："现在你们休息得差不多了吧？可以上阵打一仗啦！"于是双方列队开战，只一个回合，就把吐蕃军队打得大败。

这时曹玮才告诉部下："我扔下牛羊，吐蕃军队就不会杀回马枪而消耗体力，这一去一来的，毕竟有百里之遥啊！我如下令与远道杀来的吐蕃军队立刻交战，他们会挟奔袭而来的一股锐气拼死一战，双方胜负难定。只有让他们在长途行军疲劳后稍微休息，腿脚麻痹、锐气尽失后再开战，才能一举将其消灭。"

领导者的分析判断能力，主要表现在他是否能够深刻地认识到事物间的内在联系以及本质属性和规律，从而利用这种属性和规律进行正确的决策，以找到适合的工作方法。

领导者掌握了这项能力，就会有助于在纷繁复杂的事物中，透过现象看到事物的本质，进而抓住问题的主要矛盾，进行科学的归纳和概括，最终找出问题的解决办法。

有一个卖纸制品的老板，他最害怕的就是雨季的到来。因为雨季容易发大水，而他卖的那些纸制品很重，不能放在二楼上，只能堆放在地势较低的一楼，所以一旦大水淹没底楼，就会造成无法挽回的损失。

每次下大雨，老板都无法安心睡觉，一直盯着门外的积水，好在回回都有惊无险。就这样，过了好几年。

有一天，暴雨如注，门前的路变成了小河，水很快就漫过了门槛，他连沙包都来不及堆，店里几十万元的货物就全部被水泡了。

他的太太、店员甚至十几岁的儿子都出动了，试着抢救。可纸会吸水，从下往上，一包渗向另一包，所有的纸制品都报废了。浸过水的纸制品由于夹带着大量泥沙，连送去做回收纸浆，造纸厂都不要。

正当大家不知所措的时候，只见老板一个人冒着雨出去了。大家想："大概是去找救兵了。"几个小时后，雨停了，水也退了，却仍不见老板回来。大家刚准备去找，只见老板一身泥水地回来了。

第二天，他就带领着全家人搬家，搬到了一栋老旧公寓的一楼。他依旧做纸制品生意，还进了比以前多两三倍的货。

一些伙计都在悄悄地议论："这次老板一下进了那么多货，我看他是没被淹怕。"

果然，没过多长时间，又下起大雨，而且比上次还猛烈。好多纸制品的商家都损失惨重，而这个老板店面的这一段地势较高，居然一点儿事也没有。

这场洪水连造纸厂都没能幸免，而印刷厂又急着用纸，纸价顿时翻番，这个老板因此发了一笔大财。

大家都说："你真会找地方，平常怎么看都看不出你这里地势高，你怎么会知道呢？"

"很简单啊！"他笑了笑，"上一次我店里淹水，我眼看没救了，就趁着大雨在全城绕了几圈，看看什么地方水淹不到。而且我知道，以后还会有这样的情况发生。于是，我就搬到了这里。"

在日常管理工作中，企业领导需要经常做决策，因此也就需要具有较强的形势判断力，即采取哪一种方法最能有效地解决问题的能力。

朱元璋手下有个谋臣叫朱升，他依据当时的客观形势，向朱元璋提出了著名的"高筑墙、广积粮、缓称王"的策略，为其顺利夺取天下奠定了基础。

当时，朱元璋刚攻下南京，立足未稳，力量还弱，还不足以和其他各路反元兵马较量。所谓"高筑墙"，就是加强自己的防御力量，巩固好金陵这个根据地，使自己的军队有一个稳固而坚强的指挥部，站稳脚跟，以免被敌人吞掉；"广积粮"，就是注重农业生产，多种多收粮食，积蓄物质力量，维持一时还不能取胜的战争，使南征北战的军队有充足的给养；"缓称王"，就是不要过早地暴露自己独霸天下的企图，以免引火烧身，成为各方义军攻击的焦点。

朱元璋正是按照这九个字的战略方针，稳扎稳打，开创了明朝的基业。

正确地判断形势，是一个企业领导必备的基本素质。

一个企业领导不仅要多谋善断，而且还必须具有相当高的分析判断能力。因为，领导统率的是一个部门一个组织，他个人的每项决策都关乎着本部门或本组织的生存和发展。

正确地判断形势，是做出正确决策的基础，只有这样，才会带领下属共同进步。相反，如果缺乏判断力，或者判断形势失误，都可能导致毁灭性的打击。

作为企业领导，只有练就正确判断形势的能力，才能站在宏观层面上，在关键时刻做出正确的决策。

03 庸者赚现在，智者赚未来

市场是检验企业成功与否的大舞台，企业的经营离不开市场。从某种意义上说，市场的潜力和走势决定着企业的命运。

企业要实现超速发展，企业领导者就必须能够把握市场的动向，洞悉潜在的商机，超前预测市场的未来，从而制定统御性决策。可以说，企业的命运和市场的未来是息息相关的。

企业领导在制定决策时，都想实现快速成长，尽快赶上或领先对手，但过于急躁、一味地追求成长速度，就不可避免地会产生一些急功近利的思想，这样的思想就可能使领导者步入决策误区，对企业的发展产生不利的影响。

商界有句箴言：庸者赚现在，智者赚未来。企业如果眼睛只盯着今天，只以现在的得失为原则做决策，只注重短期利益，就永远不可能成就百年基业。

摩托罗拉公司研制出汽车收音机后，一位著名的汽车制造商向该公司老板盖尔文表示，可以大量收购摩托罗拉公司的汽车收音机，货款绝对有保证，条件是，不许使用摩托罗拉的商标，而改成与汽车同样的商标名称。

当时的摩托罗拉公司正处于初创时期，资金紧缺，如此优厚的条件，诱惑力不言而喻。不过，盖尔文经过深思熟虑，最后决定放弃这个机会，因为他不愿让摩托罗拉成为别人的附庸。

多年后，一位经销商对盖尔文说："我认为你做出了正确的选择，不然，世界上或许就看不到摩托罗拉了。"

盖尔文大笑起来。他认为这不仅是他平生最难做的决定之一，也是他平生做出的最得意的决定之一。

有时候，短期利益和长期利益，是一个舍此就彼的问题。往往是抓短期利益即会损害长期利益，抓长期利益也会损害短期利益，这是最难抉择的。但对真正的大商人来说，这不是难事，如果短期利益会对长远目标构成严重影响，他们会毫不犹豫地舍弃，向长远目标进发。

一个企业的运转，在很大程度上要依靠企业领导的远见卓识。

作为企业的"船长"，企业领导手里有至高无上的权力，这些权力能够决定企业的投资项目、发展方向，能够决定企业各项战略实施的情况，能够决定人力资源及其他资源的整合……

总之，作为一个团队的老大、一个组织的头目、一个企业的当家人，领导者占有举足轻重的地位，发挥着决定性作用。他的权力如何行使，他的决策倾向于何方，他的势力所及的范畴，无疑都是这个企业发展还是后退的重要决定因素。

在管理学中有一个这样的故事：

一头猪到马厩里去看望它的好朋友老马，并准备在那里过夜。

天黑了，该睡觉了，猪钻进了一个草堆，躺得舒舒服服的，但是过了很久，也不见马躺下睡觉。猪觉得很奇怪，就问马为什么不睡觉，马回答说自己已经睡着了。

猪很奇怪，就问："站着怎么能睡着呢？再说那样也不舒服啊！"

马回答说："舒服、寻找安逸，是你们的习惯。而我作为马，从生下来就习惯于奔跑，即使是在睡觉时，我们也随时准备着奔驰。所以，我们有健康的体魄和矫健的身手，我们能驰骋于战场，而你们只能越长越胖，最后任人宰割。"

老马的话对于它的朋友来说，似乎有些刻薄，但是却准确无误地道出了一个真理：只有时刻准备前进，才能走在最前面，抢占到最有利的位子。

对于一个企业领导者来讲，选择安逸还是准备奔驰，是至关重要的。

一个满足于现状的企业，只能够停留在最初的阶段。一个安于现状的领导，不为企业的未来发展考虑，不为市场的动态吸引，而只满足于现有成绩，那么这个企业的命运也就不外乎两个：勉强维持现状或是迅速被后来者所淘汰。

一个企业能否争得市场竞争中的主动权，在很大程度上依赖于企业领导是否有穿越现在、透视未来的"眼力"。

这个眼力简单来讲，就是要求领导者要能高瞻远瞩，看问题看得远。有好眼力的企业领导不但要能做好本职工作，还要了解行业趋势，了解竞争对手，能准确地预测出未来并能带领企业做好应对困难和风险的准备。

世界上著名的克莱斯勒汽车公司，是仅次于福特和通用汽车公司的大型企业。该公司生产的汽车，在技术上、质量上一向享有很高的声誉。然而，在1973年这一年中，克莱斯勒汽车公司却意外出现了亏损，亏损了7亿美元。

为什么会这样呢？经过分析，人们发现，原来亏损的原因就在于该公司的领导人在经营决策上缺乏远见卓识。

1973年，第一次石油危机的爆发，严重地冲击了依赖石油的汽车制造业。通用和福特两家公司的领导者都及时改变经营方针，开始设计和制造耗油量少的小型汽车。

不过，克莱斯勒汽车公司缺乏这一预见，仍然生产耗油量大的大型汽车。如此，当1978年石油危机再度爆发时，克莱斯勒公司的汽车无人问津，企业濒临破产的边缘。

领导人是否具备高瞻远瞩的魄力和远见卓识的头脑，对于整个企业的发展壮大，具有决定性的意义。

日本松下电器公司有一条成功的领导艺术："领导者要有认清时代潮流的眼光和预知环境变迁的能力，才能想出因势利导的方法，才有先声夺人的气势。"对于企业领导而言，有没有先见之明是影响企业命运的极大因素。

时代不断地变迁，在企业的经营管理层面，许多昨天可能认为是正确的事，也许已经不适合今天的潮流了。一个企业领导要是没有展望未来的眼光，就没有资格当别人的指挥者。

企业领导必须认清潮流，预知环境的变迁，并想好应采取的对策，因为他对未来的判断正确与否，牵涉太多人的幸与不幸。

为了企业正常持续地运转，为了在现代市场的风吹浪打中立于不败之地，"看清方向，顺应潮流，具有远见卓识"，这是领导者必备的条件。

在当今市场经济条件下，竞争局势动荡，市场千变万化，作为一个企业的领导更应该具有培养先见之明的胆识。

常言道："逆水行舟，不进则退。"企业在市场竞争中，有如船航行在海上，并非站住脚就赢了，因为风浪随时都会使脚力不稳者倒下、溺水。因此，站在风口浪尖上的人，随时都应该保持清醒的头脑和高度的警觉。

只有掌握在风浪中站稳脚跟的本领，并且有和大风大浪抗衡的魄力，才能把握竞争中的有利条件，才能带领企业稳健地前进。

总之，面对激烈的市场竞争，企业领导必须有高瞻远瞩的领导力，这也是企业长青的一个重要条件。高瞻远瞩的领导力更是一个企业领导服务力的重要表现，服务于企业发展方向，牵引着企业的未来。